◆女作家画传书丛◆

丁玲画传

郭娟 / 主编

李向东　王增如 / 著

花城出版社
中国·广州

图书在版编目（CIP）数据

丁玲画传 / 李向东，王增如著. -- 广州：花城出版社，2023.1
（女作家画传书丛 / 郭娟主编）
ISBN 978-7-5360-9674-5

Ⅰ. ①丁… Ⅱ. ①李… ②王… Ⅲ. ①丁玲（1904-1986）－传记－画册 Ⅳ. ①K825.6-64

中国版本图书馆CIP数据核字(2022)第214269号

出 版 人：	张 懿
责任编辑：	周思仪
技术编辑：	凌春梅　林佳莹
封面插画：	马晓晴
封面设计：	童天真

书　　名	丁玲画传 DINGLING HUAZHUAN
出版发行	花城出版社 （广州市环市东路水荫路11号）
经　　销	全国新华书店
印　　刷	深圳市福圣印刷有限公司 （深圳市龙华区龙华街道龙苑大道联华工业区）
开　　本	880毫米×1230毫米　32开
印　　张	6.875　8插页
字　　数	125,000字
版　　次	2023年1月第1版　2023年1月第1次印刷
定　　价	59.80元

如发现印装质量问题，请直接与印刷厂联系调换。
购书热线：020-37604658　37602954
花城出版社网站：http://www.fcph.com.cn

丁玲画传

目录

第一章 上海:文学与革命的起点

一 平民女校和上海大学
002

二 《莎菲女士的日记》
007

三 创办《北斗》
017

四 幽禁南京
024

第二章 陕北:十年蜕变

一 从保安到延安
034

二 西战团主任
042

三 陈 明
052

四 边区文协副主任
062

五　编辑《解放日报》文艺栏
071

六　在整风中
083

七　毛主席表扬《田保霖》
093

第三章　晋察冀：孕育两部长篇

一　《太阳照在桑干河上》
102

二　三访东欧
118

三　进北京
126

四　欢乐的多福巷
136

五　《在严寒的日子里》
143

第四章　从北京到北大荒

一　　厄运突来
162

二　　风雪人间
167

三　　回北京
174

四　　心系北大荒
187

第五章　壮美夕阳

一　　看世界
192

二　　舒心的几年
199

三　　《为丁玲同志恢复名誉的通知》
204

四　　创办《中国》
209

第一章
上海：文学与革命的起点

丁玲与王剑虹（左）

一　平民女校和上海大学

　　湖南多水，有湘资沅澧四大水系；湖南多壮士，孕育了中国近当代史上一批著名革命家。在这样的地理环境和人文氛围中，丁玲1904年10月12日出生在沅江边的常德，她的祖籍却是临近澧水的安福县，后来改称临澧。

　　丁玲本姓蒋，父亲起的名字叫蒋冰姿，但从未正式用过。母亲为她起的名字叫蒋伟，丁玲上中学时自己改为蒋玮。她小时在家叫冰之，这个名字应该从"冰姿"而来。安福县蒋家是一个有钱的大家族，父亲蒋保黔是个纨绔子弟，几乎把家业败

丁玲的父亲蒋保黔（1876—1908）

第一章 上海：文学与革命的起点

丁玲的母亲余曼贞（1878—1953）

光，留下一堆债务病逝。4岁的丁玲，最深刻的记忆是白色的粗麻布孝服和黑色的棺材，是上门来讨债的凶狠面孔，其中不少都是蒋家的长辈。母亲卖掉田产还债，领着丁玲和刚出生的小儿，携一肩行李，悲悲切切奔返故里常德。

母亲余曼贞，丈夫去世后改名蒋胜眉，字慕唐，好学上进，自立自强，回乡后考入刚创办的常德女子师范学校，在这里遇见同学向警予，深深被她吸引，接受了进步思想，并与几位志同道合的同学结为好友，但又囿于环境无法改变自己的生活状况。丁玲的弟弟蒋宗大10岁时因患急性肺炎夭亡，母亲懊悔不已，悲痛欲绝，从此便将希望寄托于丁玲，尽己之力，资助支持丁玲的文学事业与以后的革命活动，她是对丁玲影响最大的人。

丁玲跟随母亲，先后在常德、长沙和桃源念完小学，1919年考入位于桃源县的省立第二女子师范学校预科，在这里感受到五四运动的余波。丁玲在学潮中积极参加游行、讲演，还在贫民夜校教珠算，因为个头矮小，被称为"崽崽先生"。她天资聪颖，成绩优异，几乎门门功课都考第一，一年后转学考入长沙名校周南女子学校。语文教员陈启民是湖南第一师范的毕业生、毛泽东的同学，待丁玲很好，鼓励丁玲多写。丁玲在他的影响下，阅读《新青年》《新潮》，读胡适的文章、诗和翻译小说，读翻译小说《最后一课》，读秋瑾的"秋风秋雨愁煞人"，作文能力也大有长进。一年后，丁玲又考入岳云男子中学，与杨开慧等在同一个班级。1922年春节过后，曾在省立第二女子师范学校的同学王剑虹来看望丁玲的母亲，并动员丁玲去上海的平民女校。王剑虹比丁玲大一岁，在桃源女子二师的学潮中是学生领袖，临机应变，言辞尖锐，丁玲那时就深为佩服，被她吸引。王剑虹这时已经在上海担任了《妇女声》编辑工作，丁玲愿意跟随她去更广阔的天地闯荡，在母亲支持下，她放弃了半年后就能拿到手的中学文凭，和王一知等同学一起去往上海。

平民女校1921年10月筹办，1922年2月开学，名义创办人是中华女界联谊会，实际筹备人是陈独秀和李达。校务主任李达总负责，他的夫人王会悟协理具体事务，任教的大都是共产党人，如陈独秀、高语罕、陈望道、沈雁冰、柯庆施等，张太雷、刘少奇、恽代英、施存统等也到校作过讲演。平民女校是我党创办的一所妇女工读学校，也是最早培养妇女干部的学校，培养了丁玲、钱希均、王一知、王剑虹、秦德君等著名人才。

当时有一种"废姓"主张，丁玲本来就不喜欢"蒋伟"这个名字，她改名叫冰之，又找了个笔画少的"丁"为姓，称丁冰之。

学校实行半工半读，社会活动很多，教学安排也不正规，老师什么时候有空，什么时候来上课。丁玲与王剑虹渐渐感到失望，秋天就退学去了南京，一面游览莫愁湖、鸡鸣寺等六朝遗迹，一面读书自学，过了近一年自由的日子。1923年夏天，施存统和瞿秋白来南京出席中国社会主义青年团第二次全国代表大会，动员她们两个去上海大学就读，说这是一个正规大学，可以学到基础知识，接触一些有文学修养的人。秋天，丁玲和王剑虹进入上海大学，在中文系做旁听生。

上海大学的前身是东南师范学校，于右任是挂名校长，校务长邓中夏管理全校行政事务，瞿秋白任教务长兼社会学系主任。茅盾说，上海大学"是党办的第二个学校"，"培养了许多优秀的革命人才，在中国的革命中有过卓越的贡献"。

丁玲迷恋沈雁冰讲授的《奥德赛》《伊利阿特》等古希腊神话，王剑虹喜欢俞平伯讲的宋词，她们最喜欢的教员却是瞿秋白，他文人气质，满腹才华，文艺复兴、唐宋元明和普希金的诗，无所不知无所不谈。秋白希望丁玲和剑虹都走文学的路，鼓励她们："按你喜欢的去学，去干，飞得越高越好，越远越好。"秋白后来又曾说过："冰之是飞蛾扑火，非死不止。"精辟准确地预见了丁玲的一生。王剑虹爱上瞿秋白，1924年1月他们结婚了，丁玲既为他们祝福，又若有所失。暑假里，剑虹因肺病去世，丁玲怀着巨大的悲痛，告别了剑虹，也告别了上海，乘船北上，去北京寻找新的人生之路。

1980年初，丁玲把这一段经历写入《我所认识的瞿秋白同志》，登载那篇文章的《文汇增刊》在上海一面世，立即被读者抢购一空。

二 《莎菲女士的日记》

丁玲到京后,在一所学校补习功课,准备投考大学。但她不能从失去剑虹的悲痛中解脱出来,对数理化也没有兴趣。能不能考上大学是未知数,她感觉孤立无助,前途渺茫,在深深的寂寞中,她喜欢上鲁迅的文章,从那里寻求慰藉。她还给鲁迅写了一封信,述说自己的境遇和困惑,希望能够得到指引。

1926年6月摄于北京
照片上有胡也频1928年2月写的几句话

她在北京住了十个月，1925年春天，剑虹的父亲来北京参加完孙中山的吊唁活动，邀丁玲一起回湖南，说东北军正在进关，如果打起仗来就不好走了。丁玲匆忙挤上一辆南下运兵的火车，赶回常德。

暑假里，丁玲和母亲住在一座改为学校的古庙里，母亲每天写字、读古书，丁玲看书，学弹琵琶，排遣内心的愁闷。有一天，大门咣咣地响，丁玲开了门，原来是一个穿月白长衫的少年，丁玲在北京只见过他两三面，并不熟悉，很诧异他为什么远道来访，而且身无分文，连人力车钱也要丁玲代付。这个青年人叫胡也频。

胡也频是福州人，比丁玲大一岁，1922年来到北京，一面写文章投稿，一面为《京报》编辑《民众文艺周刊》，他是个

1924—1925年间，丁玲在北京补习学校

第一章 上海：文学与革命的起点

胡也频（1903—1931）

敢作敢为行事果断的小伙子，因为喜欢丁玲，就千里迢迢来寻她。丁玲对胡也频贸然来访虽然不高兴，却喜欢他的勇气与直率，喜欢他的乐观无忧，也频一天到晚充满了幸福的感觉，丁玲受他感染，心情也好了许多。她的眼睛经过几年磨炼也会识人，虽然"我们的思想、性格、感情都不一样，但他的勇猛、热烈、执拗、乐观和穷困都惊异了我，虽说我还觉得他有些简单，有些蒙昧，有些稚嫩，但却是少有的'人'，有着最完美的品质的人。他还是一块毫未经过雕琢的璞玉，比起那些光滑的烧料玻璃珠子，不知高到什么地方去了。因此我们一下就有了很深的友谊"[1]。她跟着也频回北京去了。

他们没有什么收入，主要靠丁玲母亲每月寄来的二十元钱

---

[1] 丁玲：《一个真实人的一生——记胡也频》，1950年11月，《丁玲全集》第9卷，河北人民出版社2001年12月出版。

维持生活，先是住在西山碧云寺下一个村子里，1926年春天搬到城里北京大学附近的银闸公寓，偶尔到北大听课。通过胡也频，丁玲认识了沈从文。沈从文的家乡凤凰县与常德同属湘西，他们还有几个共同的熟人，说着说着就熟悉起来。这三个南方漂泊来的文学青年，在北京过着艰苦的日子，渺茫地期待着通过努力能够寻到出路。丁玲曾经想去上海当电影演员，还拍了试妆照，但看到电影界的一些丑陋现象，不愿同流合污，打消了进电影界的念头。

胡也频的稿子逐渐有了出路，每月能拿到一二十元稿费，他与于赓虞、王森然、徐霞村等几个文友组成一个文学团体"无须社"，经常在一起高谈阔论，丁玲不声不响地坐在一旁倾听，同时也悄悄地开始写作的尝试。沈从文说："她并没有某种女子长于应酬的天才，可说不善交际。她不会同生人谈话，在熟人面前无所拘束时，则谈锋十分朗畅。""她善写平常问讯起居报告琐事的信，同样一句话，别人写来平平常常，由她写来似乎就动人些，得体些。同样一件事，一个意见，别人写来也许极其费事，极易含混，她可有本事把那事情意见弄得十分明白，十分亲切。"[1]

---

[1] 沈从文：《记丁玲》，岳麓书社1992年12月出版。

丁玲的第一篇习作是《梦珂》，以她曾经想要进入电影圈的一段经历为素材。她悄悄写完，用"丁玲"的笔名，把稿子寄往上海的《小说月报》，那是一本她和王剑虹都曾非常喜欢的杂志。主编叶圣陶从来稿中选出《梦珂》，刊发在1927年12月号头条位置，还写信来鼓励丁玲继续写下去，有多少寄多少。这意外的成功，让丁玲很兴奋，她用了两个星期又完成《莎菲女士的日记》，刊发于《小说月报》1928年2月号头条。"丁玲"这个名字一下就轰动了文坛！

那时，革命和文学的中心都在南方，热血男儿纷纷离京南下。丁玲和胡也频在1928年2月去往上海，稍作停留，便转去杭州西湖边上的葛岭。丁玲在那里写了《暑假中》和《阿毛姑娘》。

葛岭的房子是冯雪峰帮忙找的，他曾在浙江省立第一师范读书，对杭州很熟。丁玲拿到《梦珂》的稿费后，想去日本留学，朋友介绍冯雪峰来教她学日文，这样就认识了。冯雪峰跟胡也频同岁，但思想成熟度和文学素养明显高于也频。丁玲被他吸引，"因此我们相遇，并没有学习日语，而是畅谈国事，文学，和那时我们都容易感受到的一些寂寞情怀"[1]。杭州重

---

[1] 丁玲：《悼雪峰》，1979年4月，《丁玲全集》第6卷。

逢,丁玲再次感到离不开雪峰。也频对丁玲和雪峰的密切关系提出意见,并生气地在一张1926年6月的合影背面写道:"本是俩人同照,现留此作为暂别我爱的纪念!也频 一九二八,阴历二月初五,即生日之前三日,于杭州。"然后就气哼哼地去上海找沈从文了。丁玲虽然和也频已经同居两年半,但并没有确定夫妻关系,两人相约可以随时分开,给对方自由。丁玲这时须要做出选择,原来那种"自己保持自由的幻想"只是空想,这样她才下决心一辈子不离开胡也频。

夏天,丁玲和也频搬来上海,秋天,去景云里拜访叶圣陶。叶圣陶没有想到丁玲这样年轻,读过很多书,为人不张扬,很是喜欢,邀请他们夫妇来家里吃饭,第二天又邀他们乘车去海宁观赏钱塘江潮。丁玲已经在《小说月报》发表了四篇作品,叶圣陶说,你可以出一本集子了,并亲自出面联系了开明书店。很快,1928年10月,丁玲出版了第一本小说集《在黑暗中》。书名是她自己起的,这既是她早期创作的主题,也是她对于社会现状、自身生存空间的切身感受。朋友们羡慕丁玲,说她运气好,一出台就挂头牌。丁玲一生都十分感念叶圣陶,正是他的引领和帮助,丁玲才选定以文学作为自己的人生之路。

也频在《中央日报》编辑《红与黑》副刊,同时发表诗和小说，每月可以有七八十元稿费编辑费。他们的生活好了许多。有了点名气和本钱，胡也频和丁玲约上沈从文，又借了一千元，想要创办一个出版社和一份月刊。1929年1月10日《红黑》月刊出版，创刊号上有叶圣陶的《李太太的头发》、丁玲的《庆云里中的一间小房里》、沈从文的《龙朱》等。封面上只有一红一黑两个大字。

《红黑》创刊号销路很好，一个星期就在本埠卖出近千本，但是只办了半年多就办不下去了，因为每期刊物交给发行者后，钱总是收不回来，而每月要付三十元借款利息。6月，《红黑》停刊了。借的钱是要还的，1930年2月也频去了济南，到山东省立高级中学教书，挣钱还债。他认真实干，很快就受到学生们欢迎，思想进步的张默生校长让他担任教务主任兼文科主任。丁玲很快也去了济南，她惊讶地看到，也频读了很多鲁迅与雪峰翻译的文艺理论书籍，宣传普罗文学，自信、坚定，侃侃而谈，被学生们包围着，丁玲有说不出的欣喜。

5月，胡也频等进步师生引起国民党山东省党部的注意，他们要抓捕他。张默生校长得知消息后送来二百元路费，胡也频和丁玲随即返回上海。这一段经历让他们感到，投身革命，单枪匹马不行，必须依靠一个组织。中国左翼作家联盟党团书记潘汉年来看望，想介绍他们加入左联，他们立即表示同意。

正在急速左转的胡也频，立即成为左联的骨干成员，不久就被选为左联执行委员，并担任工农兵文学委员会主席。丁玲说：胡也频前进了，而且是飞跃的，我也在前进，却是在爬，我大半都一人留在家里写我的小说《一九三〇年春上海》。

丁玲把《一九三〇年春上海》作为参加左联后向读者的献礼。她想描绘知识分子群在大浪潮中的彷徨、苦闷、挣扎、斗争、前进和颓退，最初预备写一个长篇，但那时已经怀孕三个月，身体不好，决定改用几个短篇代替，最终只写成两篇。她和也频的生活很清苦，但是精神很充实。也频多年来一直在黑暗中挣扎、摸索，现在终于找到一条人生的路，忘我地投身革命事业，1930年10月，春秋书店出版了他的长篇小说《光明在我们的前面》，11月，左联全体会议选举出席中华苏维埃工农兵第一次全国代表大会的代表，胡也频当选，丁玲听到这个消息，高兴地哭了。11月8日中午，丁玲在医院生下儿子，胡也频也幸福地哭了。丁玲母亲为这个男孩起名叫蒋祖麟，后来到了延安，为了书写方便，改为蒋祖林。

丁玲出院后，他们几乎一个钱也没有了，两个人只能共吃一客包饭，她要赶紧写作，挣一些稿费。也频把两件大衣都拿去当了，整天穿着短衣在外面跑，他的情绪完全集中在去江西苏区上。也频有时带一些工人朋友到家里来，他们教丁玲唱

《国际歌》。丁玲说：我们生活得很有生气，我感到一种从来没有过的新鲜情感。

但是灾难降临到这对幸福的年轻夫妇身上。1931年1月17日，胡也频在出席党的秘密会议时被捕，2月7日夜，在上海龙华淞沪警备司令部英勇就义。天塌一般的悲痛压下来，丁玲再也不能安心在家里写作了，她要像也频那样，过一种战斗生活。她在沈从文帮助下，把只有四个月大的祖林送回湖南常德，交由母亲抚养，回到上海，冯雪峰、潘汉年来看她。刚调任中央特科领导的潘汉年，希望丁玲去他手下工作，丁玲心想，我这个乡下人，湖南人，又倔，哪里能做他那样机密的工作？她向冯雪峰、潘汉年和张闻天提出，要求去江西苏区，这也是也频生前的愿望。

德国《法兰克福日报》女记者来采访丁玲，她叫史沫特

丁玲与母亲在常德

莱，是个美国人，热情豪爽。丁玲说："我们就像一对老朋友，倾心地谈了一上午。她替我照了不少像。她照得很好，现在我还保留着一张她照的我穿着黑软缎衣的半身像。"[1]

不久，冯雪峰通知丁玲，中央宣传部决定要她留在上海，创办左联机关刊物《北斗》。这是丁玲第一次接受"组织"分派的工作，是丁玲走出书斋投身革命工作的开端，她把对国民党反动派的仇恨化作推动力，倾注在《北斗》上，并以此为起点，开始了锤炼成为无产阶级革命者的艰难历程。

《莎菲女士的日记》手迹

---

[1] 丁玲：《她更是一个文学作家——怀念史沫特莱同志》，1980年5月，《丁玲全集》第6卷。

三 创办《北斗》

《北斗》创刊号

左联成立之后出过不少刊物，大都只出版了一两期或三五期就被国民党反动当局禁止，印数又少，所以影响都不大。柔石、胡也频等五烈士牺牲后，左联遭受重创，这时冯雪峰出任左联党团书记，茅盾出任行政书记，他们为了重振左联，想要办一个公开合法、具有广泛影响力的刊物，内容可以灰色一些，多样化一些，约稿的对象广一些，找一个有知名度、不太红不大引起敌人注意的人来主编，这个刊物就是《北斗》，这个主编就选定了丁玲。在左联史上，《北斗》意义非凡，茅盾说："《北斗》是左联为扩大左翼文艺运动，克服关门主义和宗派主义而办的第一个刊物，或第一次重大的努力。"

丁玲紧张忙碌起来，动员所有的关系，约稿子，看稿子，为刊物写稿子。1931年9月20日,《北斗》创刊号由上海湖风书局发行,第一、第二期上既有左联的作家,也有徐志摩、陈衡哲、凌叔华、戴望舒、冰心、林徽因等非左翼作家的作品。冯雪峰告诉丁玲,张闻天看了创刊号说,找丁玲来办刊物没找错,她能团结人。

为了给《北斗》创刊号挑选美术作品,雪峰带着丁玲去了鲁迅家,鲁迅推荐了珂勒惠支的版画《牺牲》。这是丁玲和鲁迅的第一次来往,鲁迅对她的评价是"丁玲还像一个小孩子",话语里包含着对青年人的喜爱。鲁迅一直支持《北斗》,头五期上都有他的稿子,杂文及译作有十多篇。

丁玲主编《北斗》有两个特色,一个是重视读者意见,通过开座谈会、写信等方式加强与读者联系。她亲自给读者回信,写得真挚恳切。她从来稿中发现了沙汀、艾芜、李辉英、芦焚等左翼新人,对他们的作品既提出意见又加以鼓励,葛琴、杨之华的处女作和艾青的第一首诗,都是在《北斗》上发表的。

另一个特色是注重"大众化",努力贴近工农读者。左联重视文艺大众化,瞿秋白提出了"大众文学"的口号,《北斗》遵照这一方针,举办"创作不振之原因及其出路"征文。鲁迅写了著名的《答〈北斗〉杂志社问》,丁玲写了征文总结,她希望作家到大众中去,"最好请这些人决心放弃眼前的,苟安的，委琐的优越环境，穿起粗布衣，到广大的工人、农人、士兵的队伍里去"。她提出："不要使自己脱离大众，不要把自己当一个作家。记着自己就是大众中的一个，是在替大众说话，替自己说话。"丁玲身体力行，换上布旗袍、平底鞋，到工人居住区的文学小组去了解工人生活，和工人交朋友。她还去"大世界"调查研究群众娱乐口味，到书摊上买来大众唱本，研究通俗文学，努力使文艺适应工人的阅读习惯和阅读水平。

丁玲花心思动脑子，《北斗》的影响越来越大，内容也渐渐红起来，引起国民党当局注意，1932年7月遭到查封，十个月里，出版了八期杂志。

丁玲在主编《北斗》期间加入了中国共产党，这是她经过十年闯荡和思考的慎重选择。

丁玲18岁进平民女子学校，19岁去上海大学，这两处都是共产党办的学校，而且丁玲的同乡同学在那里参加了共产党。但是丁玲却飞开了，她喜欢自由自在，独往独来，不愿被组织和纪律约束。直到编辑《北斗》时期，孤傲的丁玲经过多年的奋斗思考，从冯雪峰、胡也频等共产党员身上受到教育，才开始认真学习马列主义，有了参加中国共产党的要求。她认识到：光写几篇文章是不行的，只有参加党，在党的领导下，才能更紧密地团结起来，形成一股力量战胜敌人。她向阳翰笙提出入党申请。不久，在南京路大三元酒家一间雅座里秘密举行入党仪式，文委负责人潘梓年主持，瞿秋白代表中宣部参加，一同入党宣誓的有田汉、叶以群、刘风斯等。丁玲讲了话，主要意思是：过去曾经不想入党，只要革命就可以了；后来认为，做一个左翼作家也就够了；现在感到，只做党的同路人不行，愿意做革命、做党的一颗螺丝钉，党需要做什么就做什么。

入党之后，丁玲精力旺盛，工作更加努力，成为最积极活跃的左联盟员之一。她为人真实大方，性格直率坦诚，凡接触者都留下深刻印象。她经常到复旦、光华、暨南等大学和中国公学、正风学院、立达学院去讲演。开始她很紧张，后来口才练得很好，总是座无虚席，窗台上都坐满人。她多次参加大型反日集会游行，"一·二八"淞沪抗战时冒着流弹袭击的危险去前线劳军。各界各派别组成的抗日协会开会时，代表左联的姚蓬子、沈起予都不敢讲话，只有她敢于坚持左联主张，批评投降派观点，被认为"好争，好斗"，"太厉害了"！丁玲在参加革命活动中得到锻炼，提高了能力和威信，《北斗》停刊后，她出任左联党团书记，成为左联的主要负责人之一。

丁玲在左联时期，实现了创作题材的转变，彻底告别了"革命与恋爱"的主题。

1928年出版了第一个小说集《在黑暗中》之后，丁玲不愿老是重复自己，1929年写了《韦护》，这是写革命者的第一个尝试，但《韦护》里并没有多少革命的内容，还是写的恋爱，因为她不了解革命者的生活。《韦护》和接下来的《一九三〇年春上海》，是丁玲向左转，开拓写作圈子的尝试，"但如何开拓，也想不出什么好办法，只有在讲恋爱，讲朋友，在这些儿女之情以外，加上一点革命的东西，把这些东西生硬地凑在一起。这样的作品，自然不会有什么生命力"[1]。

丁玲的创作，从胡也频逝世之后有了明显转变。《一天》，是胡也频去世后丁玲第一篇真正意义上的小说，它和也频去世前丁玲的小说《一九三〇年春上海》，都描写了知识青年投身革命后的经历和思想感情变化，但两者有巨大差别。写《一九三〇年春上海》时，丁玲即将做母亲，也频兴致勃勃地飞速进步，她心情愉悦，描写的革命，是美好高尚的工作，带有理想色彩，她笔下的革命者，既生气勃勃满怀理想，又风度翩翩满腹理论，大都生活优裕，吃穿不愁，且不乏感情生活，带有一股小资味。写《一天》时，丁玲丧夫别子，在家乡又听到一些大革命失败后的农村故事，更多看到革命的残酷一面。《一天》写刚刚离开大学的青年陆祥，到沪西工人区去发动工

---

[1] 丁玲：《我是人民的儿女》，1982年10月，《丁玲全集》第8卷。

人，这里的场景空间不再是《一九三〇年春上海》里的书房客厅、商场咖啡馆电影院，而是拥挤混乱的工人居民区，陆祥的工作也完全不同于飞行集会滔滔演讲的模式，工人不信任不欢迎他，辱骂甚至驱赶他，而他"为了一种自觉，一种信仰"并不气馁。丁玲在《一天》里开始从另外一个视角来看革命工作和革命者，从此在她的笔下，纠结着恋爱的革命浪漫故事终结了，小资味的革命者见不到了。就在写《一天》那个月，她去光华大学演讲时说："我现在觉得我的创作，都采取革命与恋爱交错的故事，是一个缺点，现在不适宜了。"

丁玲真正实现题材的突破，是主编《北斗》期间创作的小说《水》。

《水》以1931年中国十六省的水灾为背景，主人公是受灾的农民群众，丁玲自出道以来习惯于写城市的知识分子，突然间写了一群农民、一场水灾，这是革命意识增强和创作上努力突破自己的实践。她说，这篇小说是"自己有意识地要到群众中去描写群众，要写革命者，要写工农"。《水》在1931年9月、10月、11月出版的《北斗》第1卷第1、2、3期上连载，大受好评。茅盾说："《水》在各方面都表示了丁玲的表现才能的更进一步的开展。……这篇小说的意义是很重大的。不论在丁玲个人，或文坛全体，这都表示了过去的'革命与恋爱'的公式已经被清算！"

《北斗》被查禁之前，中共江苏省委宣传部决定创办《大陆新闻》，主编副刊的楼适夷约丁玲写个长篇连载。丁玲手里正有一个题目《母亲》，1932年6月11日她给楼适夷写信说，预备每天用一个半钟头想，半个钟头写，写三十万字左右，每天登一千字，十个月登完。作品包括的时代从宣统末年起，经过辛亥革命、1927年大革命，一直到最近农村的土地骚动。地点是湖南的一个小城市，几个小村镇，人物在大半部中都是以几家豪绅地主为中心。为什么要把这书叫《母亲》？因为她是一个贯穿人物，更因为她"虽然是受了封建的社会制度的千磨百难，却终究是跑过来了。在一切苦斗的陈迹上，也可以找出一些可记的事"。显然这是一部自叙性作品，主人公就是丁玲的母亲。

1932年6月15日《母亲》开始在《大陆新闻》连载，7月3日报纸被查禁。后来赵家璧编辑良友"文学丛书"，来要稿子，丁玲又写了几万字。丁玲1933年5月被捕后，鲁迅先生建议把没有写完的《母亲》立刻付排出版，作为对国民党反动派绑架丁玲的抗议。6月27日良友图书印刷公司出版了《母亲》单行本，第二天上午门市部一开门，读者蜂拥而入，一百册签名本一抢而光，其余的也售出很多。

四　幽禁南京

1936年6月2日，李达在自家小院里为丁玲拍摄

丁玲工作干得风生水起，情感上却很孤独，她需要一个伴侣，这时，冯达走进了她的生活。"他原是史沫特莱的私人秘书，左翼社会科学联盟的一个普通盟员。他已参加了党。他曾有优厚的工资，每月收入一百元。后来他把职务辞掉，在党中

央宣传部下属的工农通讯社工作,每月拿十五元生活费。他天天写一点稿子,也翻译一点稿子,把通讯稿打字、印刷,然后一一拿出去付邮。他不爱多说话,也不恭维人。因为从事秘密工作,为了迷惑敌人,他穿戴整齐,腋下常常夹几张外文报纸。他没有傲气,也不自卑。他常常来看我,讲一点他知道的国际国内的红色新闻给我听。因为我平日很少注意这些事,听到时觉得新鲜。有时他陪我去看水灾后逃离灾区的难民,他为通讯社采访消息;我也得到一点素材,就写进小说里去。我没有感到有一个陌生人在我屋里,他不妨碍我,看见我在写文章,他就走了。我肚子饿了,他买一些菜、面包来,帮我做一顿简单的饭。慢慢生活下来,我能容忍有这样一个人。"[1]

1931年冬天,她和冯达住到了一起,1933年春天搬入北四川路昆山花园路一幢红砖洋房,住四楼一间约20平方米的房子。左联没有固定办公地点,开会接头都在某人家里或某个临时地点,丁玲家就是一处党的秘密联络点,因为地处公共租界,比较安全。那时冯达在中共江苏省委《真话报》工作。

1933年5月13日晚上,冯达九点多才回到家,他告诉丁玲,马路对面影影绰绰有一个人,他们的住所可能被特务盯上

---

[1] 丁玲:《魍魉世界·被捕之前》,《丁玲全集》第10卷。

了。5月14日丁玲要去正风学院参加文艺小组会议，离家时跟冯达约定，中午十二点之前一定回家，到时如一人未回，另一人要立即离开。丁玲十一点半回到家，未见冯达，正收拾东西准备离开，《真话报》总编辑潘梓年来找冯达。他听丁玲说了情况，不以为然，反倒拿起桌上的报纸看了起来。突然，楼梯上响起一阵杂乱的脚步声，门被推开，上海市公安局督察员马绍武等三人闯入屋内，丁玲和潘梓年被捕了。过了一会儿，冯达也被特务押了进来，他看到丁玲和潘梓年，猛地一惊，然后就低下头，木然地、无神地往床头一坐。

冯达是先被捕的，他与丁玲约定十二点离家，故意拖延时间，以为丁玲已经离家才说出住址。冯达没有出卖丁玲，被捕后也没有供出别的同志住址，但是他被捕以后到国民党机关去做事，这种背叛行为丁玲决不能容忍。

被捕次日，丁玲与冯达被秘密解往南京。

5月17日，上海的英文报纸《大美晚报》登载消息《丁玲女士失踪》，首次把丁玲失踪消息披露报端。5月23日，蔡元培、杨铨（杏佛）、胡愈之等38人联名，向南京国民政府行政院长、司法部长发出营救丁玲、潘梓年的电报。6月10日文化界成立丁潘营救会，发表《文化界为营救丁潘宣言》。中国左翼作家联盟也发表《为丁潘被捕反对国民党白色恐怖宣言》。

民权保障同盟主席宋庆龄致电南京行政院长汪精卫，要求援助丁潘。当时以为丁玲或已遇难，鲁迅悲愤地写下诗句：

> 如磐遥夜拥重楼，剪柳春风导九秋。湘瑟凝尘清怨绝，可怜无女耀高丘。

沈从文也写出《记丁玲女士》，7月24日起在天津《国闻周报》连载。

国际友人也加入了抗议和声援浪潮，国内外强大的进步力量对国民党当局形成压力，他们不敢下毒手，也不敢释放，严密禁闭丁玲，并封锁她的消息。

丁玲被捕不久，叛徒、原中共江苏省委宣传部部长汪盛荻就来劝降，丁玲要么不理他，要么嘲笑他。随后，国民党中央组织部党务调查科科长徐恩曾出面，要丁玲在报纸上登一个启事，说明平安无事，并说可以资助她出洋，也遭到拒绝。9月，叛徒顾顺章来，要冯达劝说丁玲，老关在这里毫无办法，不妨表示一下归隐回家养母的意思，既无害于人，又可以平平安安过日子。冯达也认为这个意见可以考虑，不要"老是想死"，"就不能想一点点活的路子吗"？丁玲心有所动："为什么不利用条件，准备条件，想尽办法争取保持清白，活着出去？""不会暴露自己真正的政治身份"，"更不会出卖同志、连累同志"，只说"回家养母"有何不妥呢？"对付杀人如麻、诡计多端的国民党反动派，革命者为什么那么老实，不能欺骗呢？"她在顾顺章拿来的八行信纸那样大的一张白纸上，写了"回家养母，不参加社会活动"，还按冯达的意思加了一句："未经什么审讯"。[1]

但是敌人并没有把她放回湖南，给以自由，而是送上莫干山。丁玲知道受骗了，她更不会想到，她要为这个条子付出巨大的代价。最初在1943年延安整风审干中，继而在1955年批判"丁玲、陈企霞反党集团"中，在1956年历史审查中，在1957年反右派斗争中，在"文革"中，甚至在粉碎"四人帮"之后给她做平反结论中，这个条子一次又一次给她带来麻烦和痛苦，对于视政治名誉如生命的丁玲，简直要了她的命！

1933年深秋，丁玲被带上莫干山国民党蓝衣社一个培训特务的营地。严冬，大雪漫山，寒气彻骨，避暑的小洋房里，连毛巾和茶杯里的水都结了冰，还有一个叛徒整天紧盯着她。丁玲呆坐在屋里，肢体冻僵了，心也冻僵了，只有冯达是唯一的熟人、唯一的温暖。冯达也表现出对自己的悔恨，对丁玲的怜悯同情。寒冷消融了丁玲的仇恨，她投入冯达的怀抱，她怀孕了，第二年秋天生下女儿蒋祖慧。

---

[1] 丁玲：《魍魉世界·欺骗敌人是污点吗？》，《丁玲全集》第10卷。

第一章 上海：文学与革命的起点

　　1934年4月,丁玲母亲领着4岁的祖林,乘轮船抵达南京。丁玲同他们住进明瓦廊的一处房子,从这时起,国民党每月给一百元生活费,让他们独立住家。新邻居是姚蓬子一家,丁玲很惊喜,第二天才知道,姚蓬子被捕后发布了《脱离共产党宣言》,敌人让他来劝说、瓦解、监视丁玲。丁玲对于敌人的利诱十分警惕,绝不与他们有任何瓜葛牵连。国民党中央宣传部部长张道藩邀她写剧本,丁玲以从未写过剧本、身体不好为由拒绝了。后来张道藩又为写剧本和修改剧本两次来找她,丁玲都拒绝了。她的信念是,一定要干干净净地回到党组织去。

　　敌人渐渐放松了对丁玲的监视,她有了些自由,可以独自走出家门。她暗自高兴,急切地要和党组织取得联系。一次,她带着母亲和祖林去夫子庙喝茶时遇见张天翼,张天翼也是上海左联盟员,在《北斗》上发表过童话《大林和小林》和短篇小说。他们约定次日在鸡鸣寺见面,但是见面后丁玲听到的都是一些失望的消息:上海白色恐怖严重,冯雪峰去了苏区,周扬、夏衍去了日本。

　　沈从文的妹妹沈岳萌在南京铁道部工作,丁玲从她那里要到二等卧铺往返火车票,悄悄去了一趟北平,想从李达王会悟夫妇那里找到与党联系的渠道。1936年5月,丁玲悄然离开她居住的苜蓿园,去往南京火车站。在火车上,她遇见国民党高级人士王昆仑，王昆仑招待她去餐车吃西餐。在北平李达家，返回南京后在苜蓿园，王昆仑都来看过丁玲。丁玲多年后才知道他早已是中共地下党员。

李达早已脱离中共，在大学当教授，他告诫丁玲，以后专心写作，不要再搞政治了，还在自家小院里给丁玲拍了几张照片。王会悟在中国大学做会计，经她联系，丁玲见到跟她同在一个学校的曹靖华。丁玲知道曹靖华和鲁迅关系很好，是一个可靠的人。曹靖华很关心丁玲的状况，同意把她的情况写信告诉鲁迅，向他寻求帮助。

7月，张天翼给丁玲带来一张纸条，她认出那是冯雪峰的字，通知她去上海会面。冯雪峰参加了二万五千里长征，是党中央到达陕北后，派往上海的第一个高级干部，主要任务是统战和情报，同上海地下党恢复联系，建立上海与陕北之间的联络通道。

丁玲满怀期望，按照指定的日期乘坐火车去了上海。见到敬重的雪峰，丁玲想起这三年的遭遇，放声痛哭。雪峰却出奇地冷静，告诉她说："不只有你一个人在受罪，整个革命在这几年里也受着罪咧！"雪峰希望她跳出个人的哀伤，坚强起来。雪峰给她讲鲁迅，讲毛泽东，讲长征。丁玲想要去陕北苏区，冯雪峰要她先回南京等候。过了两个月，冯雪峰写信寄到丁玲在南京的好友方令孺家里，通知她说一切都安排好了。

丁玲再次来到上海，逗留了两周。她想去看望鲁迅，雪峰说鲁迅的病情加重，医生不准见客，并告诉丁玲，宋庆龄听说她要去陕北，赠送三百五十元。丁玲委托雪峰和周文将这笔钱寄给湖南的母亲和孩子，还想多给他们留些钱，此去陕北路途遥遥，不知何时才能再相见。周文是左联的盟员，现在给冯雪峰当交通员，出主意要丁玲把新近写的《松子》等五篇作品交给良友图书印刷公司赵家璧，赵家璧很快就编为《意外集》出版。

周文的爱人郑育之，给丁玲买了毯子、箱子和一些日用品。9月30日，中秋节的晚上，丁玲乔装打扮，由周文送上火车，中共地下党员聂绀弩护送她去西安。火车缓缓开动，丁玲望着渐渐远去的万家灯火，感慨万分，上海是她文学创作的起点，是她参加革命的起点，也是也频就义的地方，现在她要告别上海，去往苏区，翻开人生中崭新的一页。

第二章 陕北：十年蜕变

丁玲1936年底在红军中

一　从保安到延安

在西安七贤庄，丁玲在德国牙医冯海伯的诊所里住了二十几天，那个小院是党的地下交通站，由中共西安地下党负责人刘鼎负责，后来成为八路军驻陕办事处。一天晚上，冯海伯家里来了两个外国客人，冯海伯医生要丁玲去见见他们。她走进客厅，一个外国女人伫立窗前，一双眼睛紧盯着她，丁玲认出来了，那是史沫特莱，她在上海时结识的好友，德国《法兰克福日报》驻华记者。史沫特莱一下就把丁玲抱了起来，这真诚的情谊使丁玲流泪了。

另一位年轻人是美国记者埃德加·斯诺，他刚从陕北苏区采访归来，他是那天晚上的中心人物，谈苏区的生活和西行印象，谈毛泽东周恩来，大家听得都很兴奋。深夜分手时，史沫特莱把一顶旧貂皮帽送给丁玲，说陕北天气寒冷，并祝愿她一路顺利。

10月31日早晨，在西安市西关的一家小店门前，刘鼎把丁玲送上一辆卡车，经耀县、洛川的东北军、西北军防地去保安。丁玲跟随一支七八个人的小队伍，有时坐汽车，有时骑马，有时步行，还骑过毛驴，走了十多天，抵达中共中央机关所在地保安，即今天的志丹县。

保安条件很艰苦，大部分房屋都在地主民团逃走时被烧毁了，吃饭只有小米、土豆、酸菜。中央宣传部在窑洞里开了一个欢迎会，丁玲回忆说："我在这个会上才看到毛主席。那是一个大窑洞，靠窗户这边是一个大炕，地上摆了三张桌子，坐满了人，很挤，会餐吧，有几个菜。周总理那时叫周副主席，他就坐在门槛上，因为屋子里人太多，坐满了。我记得有洛甫同志。吴亮平主持，他是中宣部的副部长。毛主席进来的时候，头发很长，刚刮过脸，披着棉大衣。我的桌子在最后一个，我不认识他。刘群先（博古的爱人）、阿金（罗迈的爱人）非常活泼，刘英没有她们两个活泼，就去拉毛主席，说毛主席刮过脸了，今天漂亮了。毛主席说是的，因为今天欢迎丁玲同志，我今天刮了脸，不过我没有理发。他进来没有好久就开会了。他没有讲话，就问了一两句，路上怎么样啊。我过去对毛主席还是知道一点，过去在湖南，人家说毛润之是个怪人，怎么怎么样了。我们在上海大学时，秋白也跟我谈过毛泽东。冯雪峰最佩服毛主席，他对我有些影响，他讲别人时评论都很低，就讲毛主席，特别讲遵义会议以后的路线。吴亮平讲话，致欢迎词。开完了让我讲话。我从来没有参加过欢迎我的会，我的心的确是充满了幸福的感觉。讲什么呢？我想，那就讲南京的事情吧，这是他们最愿意听的吧，也是我最应该向他们讲的吧。我就讲在南京怎么跟敌人斗争，敌人怎么样给我钱，叫我自首，把我关在房子里，讲了一个大概。我讲话时，大家都给我鼓掌，都对我很好。讲话完了，邓颖超和李克农还表演了一个节目，反串《武家坡》，邓颖超演薛平贵，李克农演王宝钏，就在炕上，稍微有点走动。这个会应该是我一生中最光荣的，最受宠的。"[1]

毛泽东、张闻天、周恩来等中央领导希望丁玲把苏区的文化工作活跃起来。丁玲建议成立文艺俱乐部，组织文艺爱好者创作作品，开展活动，毛泽东、张闻天都很支持。经过一个星期筹备，11月22日举行成立大会，毛泽东提议，这个文艺团体的名称叫"中国文艺协会"。这是中共领导的第一个文艺协会组织。丁玲在会上报告筹备经过，毛泽东讲话说："中国苏维埃成立已很久，已做了许多伟大惊人的事业，但在文艺创作方面，我们干得很少。今天这个文艺协会的成立，这是近十年来苏维埃运动的创举。"[2]

丁玲被推选为中国文艺协会主任，并决定在《红色中华》

---

[1] 丁玲1980年春谈初到陕北。据录音记录稿。
[2]《毛泽东年谱（1893—1949）》，中共中央文献研究室编，中央文献出版社2002年8月出版。

报上出《红中副刊》，每星期发刊一次。丁玲为创刊号写了《刊尾随笔》，这是她到陕北后的第一篇文字，她写道："战斗的时候要枪炮，要子弹，要各种各样的东西，要这些战斗的工具，用这些工具去摧毁敌人；但我们还不应忘记使用另一样武器，那帮助着冲锋侧击和包抄的一枝笔！一枝笔写下了汉奸秦桧，几百年来秦桧就一直长跪在岳庙门前，受尽古往今来游人的咒骂；《三国演义》把曹操写得很坏，直到现在戏台上曹操的脸上就涂着可怕的白色，那象征着奸诈小人的白色。所以有人说一枝笔可以生死人，我们也可说一枝笔是战斗的武器。"

丁玲去毛泽东那里聊天，他们是老乡，丁玲曾经跟杨开慧同学，她的老师陈启民是毛泽东在湖南第一师范的同学，所以他们有的聊。当时在保安的朱正明说，丁玲来后，"毛主席就很重视她，丁玲也经常到毛主席那里去，她当时非常兴奋愉快，整天笑嘻嘻的"。"从我个人的眼光看来，毛泽东似乎就是丁玲的父亲，而丁玲也就是他的一个喜欢的大女儿。"[1]

文艺协会成立后，毛泽东问丁玲还想做什么，她说想当红军，看打仗。毛泽东说，山城堡战斗刚打完，我们还要打一个仗，你还赶得及。11月24日，丁玲跟着工农红军前方总政治部

---

[1] 朱正明：《关于〈长征记〉和毛主席赠丁玲词的情况》，《新文学史料》1982年年第1期。

北上，准备参加打击胡宗南的战斗。

丁玲这是头一次跟随红军部队行军，每天早晨天不亮口哨便吹响了，赶紧起来忙乱地收拾铺盖和零星物品，赶在队伍集合之前在大路上等着。晚上到了宿营地，就只想怎么快点洗脚吃饭，赶快睡觉，实在疲累！她紧紧跟着队伍，一天走六七十里，一直走了八天，没有掉队。寒冷的天气，粗糙的伙食，紧张的节奏，怀疑的眼光，这些都没有吓跑丁玲，她不消极低沉，不悲观沮丧，尽快适应战斗的新生活，得到红军指战员们的认可。

在定边前线，丁玲结识了彭德怀、萧克、贺龙、陈赓、王震、杨得志、黄克诚等一批红军将领。王震说："听说来了个作家，好啊！我们这里都是武的，需要一个文的。"贺龙说："我们是老乡，你们安福县蒋家我去过的，我们同你老家打过多少交道啊！几百年的老地主家里出了一个革命作家，不容易啊！"丁玲被红军感染，心胸变得开阔豪迈起来，她常常睡得很晚，十一点了还坐在火边写日记，把观察到的记录下来，作为以后的写作素材。她在日记中写道："这里的朋友，都是明朗的，做事就拼命做，一有空就互相说着一些无伤的笑话。""这里是没有疲倦的，无论每天走过多少路，或爬过多少山，但一到宿营地，个个人都兴冲冲地去忙着各自的事，或是商讨着当前的一些问题。"

前敌指挥部的彭德怀总指挥和任弼时政委都对她很好。任弼时跟丁玲同岁,又是同乡,一路行军都很关照,把干粮分给她吃,把自己的一匹枣红色草地马替换了丁玲的跛马。彭德怀总板着脸,喜欢骂人,可是参谋、警卫员都喜欢他,说他心好。他看到丁玲穿的是球鞋、薄羊毛袜子,就要送她一双厚实暖和的粗毛线袜子。丁玲穿不了,退还给他,他一边放回包袱里一边说,你是个小姐,看不起我的袜子,过一段你就晓得这个袜子是个好东西了,你要是想要还要不到了呢!丁玲写了一篇《速写彭德怀》,还画了一张头像,刊登在《新中华副刊》

1938年2月,丁玲与任弼时(左三)等在山西洪洞马牧村八路军总部

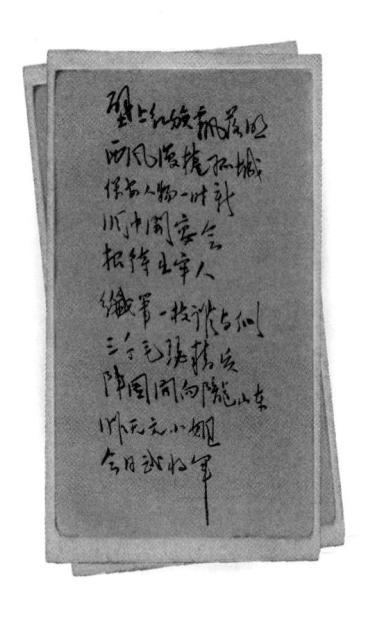

毛泽东书赠丁玲《临江仙》词

上。西安事变之后,丁玲转随左权率领的红一方面军一军团行动,根据他的讲述,又写了《记左权同志话山城堡之战》,这些都是丁玲写红军的开始。

1936年底,丁玲在庆阳前线,收到毛泽东用电报发给她的一首《临江仙》词:

壁上红旗飘落照,西风漫卷孤城。保安人物一时新。洞中开宴会,招待出牢人。

纤笔一枝谁与似,三千毛瑟精兵。阵图开向陇山东。昨天文小姐,今日武将军。

这是毛泽东对她在这么短时间内转换身份、迅速融入红军战斗生活的赞扬和鼓励，也是毛泽东唯一题赠作家的诗词。丁玲很激动，到延安以后，请毛泽东在浅黄色毛边纸上抄录了这首词，抗战爆发后寄至重庆，请胡风代为保管。1980年胡风历经沧桑从四川回到北京后，将这一珍贵文物归还丁玲。

1937年1月，中共中央领导机关进驻延安。

丁玲进延安后的第一个工作，是毛泽东派她担任中央警卫团政治处副主任。她只干了一个月，此后专门从事文艺协会工作，还参加了大型革命回忆录《长征记》的稿件编辑。进延安后到抗日战争全面爆发之前，是丁玲与毛泽东来往最密切的时期，毛泽东每周去抗大讲授唯物论和辩证法，每次都让警卫员通知丁玲去听。他常常引用《红楼梦》的故事做例子，深入浅出，通俗生动，对中国革命经验作着深刻系统的哲学总结，丁玲听得入迷。她去看毛泽东，主要话题常常是古代文学，毛泽东带着欣赏的情趣谈李白、李商隐，谈韩愈谈宋诗，丁玲十分钦佩他的旧学渊博。有时毛泽东一边谈话，一边用毛笔抄几首他自己填的词或者他喜欢的词，有几首就给了丁玲，其中有《念奴娇·昆仑》《清平乐·六盘山》《沁园春·雪》等，写给丁玲的手迹与后来官方发表的权威版本略有不同。

二　西战团主任

1937年7月7日，卢沟桥事变爆发，全国抗日战争开始。8月下旬，中共洛川会议通过《抗日救国十大纲领》，决定组成新的中央革命军事委员会，毛泽东为主席，朱德、周恩来为副主席。

整个延安城都沸腾起来，人们纷纷要求上前线，打鬼子。丁玲联系了吴奚如等六七个文协同志，计划成立一个战地记者团，只要很少的人，花很少的钱，走很多的地方，写很多的通讯。但是抗大的学员听说后，纷纷跑来要求参加这个组织，又有人出主意，说加上戏剧、歌咏、漫画等，成立一个大的宣传组织。8月11日，中央宣传部凯丰部长找丁玲和吴奚如谈话，通知他们：中央军委委托中宣部，以部分抗日军政大学二期学员为主，组成西北战地服务团，到前线去宣传抗日，任命丁玲为主任，吴奚如为副主任。

8月12日，西北战地服务团举行成立大会。这是一个半军事化团体，以戏剧、音乐、讲演、标语、漫画、口号等多种方式向抗日战士及群众做大规模宣传，唤起广大民众的斗争情绪与求生存的牺牲精神。战地服务团下设宣传股、通讯股和总务股，分别由陈明、陈克寒、李唯担任股长。

8月15日，延安各界举行欢送西北战地服务团出发前线晚会。毛泽东祝词说："你们要用你们的笔，用你们的口与日本打仗，军队用枪与日本打，我们要从文的方面武的方面夹攻日本帝国主义，使日寇在我们面前长此覆亡下去。"丁玲致答词说："战地服务团的组织虽然小，但是他好像小河流一样，慢慢的流入大河，聚会着若干河的水，变成一个洪流，把日寇完全覆灭在我们的洪水中。"

林伯渠（坐者）、宣侠父（右一）、丁玲（右二）等在西战团驻地西安梁府街女子中学

从8月下旬到9月中旬，西战团做出发前的准备，请毛泽东、李富春、何长工、凯丰等领导同志来讲课，赶排了《王老爷》《保卫卢沟桥》等独幕剧和一批秧歌、大鼓、相声、快板等曲艺节目，到出发时，节目已经足够演两三场晚会。团员们要丁玲写个剧本，说将来到了太原和西安，没有几个像样的戏撑不起台面，丁玲写了独幕话剧《重逢》。节目先在延安公演了11次，老百姓十分喜欢，最受欢迎的是根据东北秧歌创作的《打倒日本升平舞》，人物多，场面大，边唱边扭，热闹红火，以后在山西、西安也最受好评。中宣部的朱光看了他们的节目，高兴地跳上台大声对丁玲说："成功了！你们成功了！"丁玲去向毛主席征求意见，他也笑着说："我看过了，节目可以，就这样搞下去。"

虽然西战团只是个半军事化组织，但丁玲认为应该像正规军队一样管理。团员分成四个班，早出操，晚点名，作息听哨音指挥，还要开生活会。丁玲把自己八点钟起床的习惯改为四点半，跟大家执行一样的生活标准，每月两元津贴，每天七分钱菜金，吃小米饭、南瓜和山芋，只有改善伙食时才能见到一点肉片。

1937年9月22日，丁玲率领西北战地服务团离开延安，开赴山西抗日前线，10月1日从平渡关乘坐木船，渡过波涛汹涌的黄河，进入阎锡山统治下的山西。他们一路走，一路演出、演讲、贴标语、画漫画，以多种文艺形式宣传全民抗战，鼓舞起民众的信心。他们经过的第一座大城是临汾，抵达当晚就举行演出，观众有五千多人，演出结束后不肯散去，高呼抗日口号。10月12日西战团抵达太原，丁玲在群众大会上发表演讲，宣传党的抗日主张，民众沉浸在同仇敌忾的激情中。西战团举行大型公演，中央军委副主席周恩来也到场观看。丁玲还拜会了第二战区司令长官阎锡山。

10月25日，日寇大举进攻，太原即将失守。周恩来指示西战团当晚分两路撤离太原，丁玲带领身体好些的奔和顺县、辽县，向八路军总部靠拢，吴奚如带领体弱者，去晋西北找总政治部民运部，并指令丁玲替代吴奚如，兼任西战团党支部书记。丁玲率队途经太谷县范村时，遇到国民党军队溃兵抢掠村民，她沉着果断地指挥团员和游击队，顺利处理了这一事件，后来把这一次经历写成《冀村之夜》。

11月7日，丁玲率西战团在和顺县石拐村找到八路军总司令部，此后便随八路军总部一起行动，归政治部主任任弼时领导。那期间，毛泽东在致朱德、任弼时的电报中多次强调要加强部队政治教育，加强动员民众工作，西战团正是这方面的得力助手，他们辗转于沁源、洪洞、运城等16个县市的60余个村庄，行程数千里，演出百余场。

丁玲在写给友人的信中说：为了躲避日本军机轰炸，我们昼伏夜出，在太阳下睡觉，黑暗里工作，要变成耗子了。"我现在已穿上士兵的衣服，跟他们一样地可以在壕沟里伏上三两夜，不刷牙齿，不洗脸，而且你还想不到的是我还能赤足爬山。"那个冬季很冷，雨雪又多，崎岖的山路更加泥泞，丁玲后来回忆说："那时候的工作真累人啊，根本就没有休息的时候。部队行军我们也行军，走到宿营地就搭台演戏，演完了要拆台子，要洗脚，还要开个会，明天走哪里，搞什么。"

在沁源县，西战团慰问参加过平型关战斗的八路军115师343旅685团，杨得志团长用缴获的日军罐头宴请他们，送给西战团五件黄呢子日本军大衣，还特别选了一件合身的送给丁玲。丁玲把大衣分发给各个股，有人出门都抢着穿，它不仅是胜利的象征，也增添了英武之气。后来在西安，丁玲穿着日本军大衣出现在群众集会上和国民党的衙门里，大长了西战团的威风。

1938年春节期间，八路军总司令部驻在洪洞县马牧村，朱德、彭德怀等首长都在那里，丁玲率西战团去慰问演出，还穿着日本军大衣，上台唱了一曲《送郎当红军》。她在后台接受西安报社记者采访时说："这样的生活，比起写作要更有意义，更有价值。我喜欢这样紧张的生活。"春节过后，国际慰问团的美国友好人士从武汉送来募捐物品，丁玲跟随朱德、彭德怀、左权、康克清等一起与他们见面交谈，合影留念。

1938年2月底，日军沿同蒲铁路南下，八路军总部指示西战团迅速撤离山西。这时西安的抗战团体邀请，丁玲请示总部领导，决定去西安。正在山西民族革命大学任教的聂绀弩、萧红、端木蕻良也跟随他们一起走，在去往西安的火车上，聂绀弩等人创作了描写山西农民抗日的三幕话剧《突击》。

3月初，西战团进入西安。西安过去是国民党"反共剿共"的前线指挥部，现在是国民党防共限共的大本营。与山西军民轰轰烈烈的抗战热情相比，西安的衙门高高在上，面孔冷冷的。为了安排住处，开展活动，丁玲东奔西走，四方求见，在国民党衙门前递片子，在有卫兵站岗的门前，在传达室、走廊上排队等候，最后找到陕西省抗敌委员会，才把他们安排在梁府街女子中学的校舍。

西战团到达女子中学已经是晚上九点多，屋子里却一片漆黑，没有灯泡，没有铺板，甚至没有饮水，只能从街上买了一些水喝。丁玲第二天又去交涉，搞到一些铺板，第三天又交涉到桌子板凳，但电灯却始终没有。西战团在西安期间一直点蜡烛，隔壁的国民党战时青年训练班却灯火通明。

丁玲身穿缴获的日本军大衣

西战团在西安一共举行了三次大型公演，第一次的剧目选定《突击》。戏排得差不多了，丁玲带着王玉清去易俗社租剧场，还特意带了一些八路军缴获日军的双人蚊帐、宫灯、纸伞等战利品。易俗社社长高培支老先生长髯飘胸，说不管哪个剧团，每天两场，租金都是两百五十元，没有余地好讲。3月中旬《突击》公演了，每天两场，场场爆满。为了扩大宣传，票价定在四角和两角，出奇地便宜，最后一算账，赔钱了。丁玲带着王玉清去易俗社结算，手巾包里是七百五十元场租费，一分不少。高培支老先生感动地说，你们这么好的队伍，这么好的演出，不就是为了抗战吗！你只要给我两百元，够这三天的开销就行了，易俗社也要为抗战做贡献！西战团与易俗社结下情谊，后来第二次、第三次公演也都租用了易俗社的场子。

团员们到学校、剧团、战时工作团、军队和伤兵医院，教唱歌曲或帮助演剧，慰问伤病员，联欢。丁玲则积极与社会各界联系，出席群众会议，参加欢迎世界学联代表团等活动，扩大西战团的影响。天气渐渐热起来，为了便于工作，八路军总部破例批准西战团每人做了一套细布的列宁服，立领的白上衣，袖口有小扣子，马裤，显得很精神。

西战团的工作局面逐渐打开，受到广大市民欢迎，国民党顽固派自然不能容忍。5月17日，国民党陕西省党部重申取缔西安13个抗日救亡团体，限令必须在七日内解散，并给西战

1938年2月，朱德（后排中）、彭德怀（后排右）、左权（后排左）、康克清（前排左）、丁玲（前排右二）在八路军总部会见外国友人

团送来一纸通令，限即日离开西安开赴山西前线，否则就要逮捕负责人。国民党把持的《抗战与文化》杂志也刊登文章，讥笑某战地服务团不在战地工作，却迟迟逗留西安。丁玲同中共陕西省委李初梨同志一起去国民党省党部交涉，毫无结果。面对复杂局面，丁玲回延安汇报情况。毛主席肯定了西战团的工作，指出：抗日战争爆发后，中共同国民党的关系是一个极其重要而又异常复杂的问题，对于国民党顽固派不能妥协，要坚持斗争，但是现在统一战线刚刚形成，还要巩固它，因此斗争应该是"针锋相对，磨而不裂"。

如何做到既坚持原则，又有灵活的策略，取得继续在西安宣传抗日的权利呢？十八集团军驻西安办事处高级参议宣侠父是中共党员，丁玲在上海编辑《北斗》时就与他见过面，他出主意并出面联系，丁玲会见了国民党政府西北行营主任蒋鼎文，拿到三百元捐赠款。后来丁玲接受上海《大美晚报》记者采访时说："最近蒋主任还捐了三百元，这一方面说明蒋主任对本团的关心和扶持，另一方面也证明了本团在抗战中的需要，我们是非常感谢蒋主任爱护本团的热心的。"接着，宣侠父又陪同丁玲参加了国民党第17军团长胡宗南宴请。这两次会面提升了西战团的地位，取得了在西安合法停留并开展抗日宣传的权利。

第二章 陕北：十年蜕变

1938年7月，西战团举行第三次公演，也是告别西安的最后公演。第一次公演是话剧，第二次是曲艺歌舞小节目，这一次选了两出大戏，京剧《忠烈图》和秦腔《烈妇殉国》。易俗社派出最有经验的导演来指导排戏，有"陕西梅兰芳"之称的易俗社头牌王天民亲自指教西战团的主演夏革非，高老先生把最好的行头都拿出来，任西战团演员们挑选试穿。演出大获成功，西安城都管夏革非叫"从延安来的王天民"！西战团完成了在西安的宣传任务，奉命返回延安。

丁玲后来把她在西战团这一年称为"真正当兵"的日子，其中有十个月她独自率领这支队伍，协调关系处理矛盾，使大家团结一心努力工作。她学会了如何同敌顽斗智斗勇，有理有利有节地开展斗争。纵观丁玲陕北十年，西战团是最辉煌的一年，著名女作家身穿日本军大衣，率领八路军宣传队活跃在抗日前线，颇有点传奇意味，鼓舞和激奋着广大青年的抗日热情，昆明、成都等地的女青年也组织了战地服务团，并写信希望丁玲给予指导。

三　陈　明

西战团载誉而归，延安开了欢迎会。西战团在纪念建军节大会上演出了《突击》，不久又在大礼堂演出了《忠烈图》和《烈妇殉国》，大获好评。接着，西战团进行休整，准备出发去晋察冀。

丁玲回到延安不久，她的表弟余肃臣把8岁的祖林和4岁的祖慧从湖南带来了。当时日本军队大举进攻，武汉即将失守，湖南局势紧张，常德很不安全。丁玲从1936年4月在南京与儿女分别，已有两年多不见，蒋慕唐老太太独自抚养一双外孙，生活十分艰辛，丁玲每月仅有两块钱津贴，无力周济他们。丁玲把祖林送进保育院小学，把祖慧送到儿童保育院，儿女来了，丁玲不能率西战团再出发了。

1938年11月20日是星期天，上午，七架日本飞机突然飞临延安上空，对人群密集的街道和集市投炸弹，机枪扫射，持续近半小时，一百多人伤亡。这是日寇飞机第一次空袭延安。下午，丁玲开会回来宣布，中央决定紧急疏散延安人口，凡是已决定到敌后根据地工作的立即出发。当日深夜，西战团在周巍峙代主任带领下开赴晋察冀。

　　留下来的，还有支部委员王玉清，他的爱人夏革非要生孩子，陈明因为经常犯胃病，也不适应长途行军和紧张的生活，组织上决定他们三人去马列学院学习。11月23日凌晨，丁玲与陈明、王玉清离开大砭沟，赶在天亮之前去马列学院报到。陈明、王玉清抬行李，丁玲拿着半截蜡烛照明，天色微明时过了延河。为了躲避日军的飞机，全院同学都在黎明前背着书本和干粮，转移到七八里外的山沟里去上课了。

陈明初到延安

丁玲1938年在延安

延安马列学院，是中共第一所以学习研究马列主义基本理论为重点的学校，1938年5月成立，学员主要是中央党校、抗日军政大学、陕北公学、鲁迅艺术学院的优秀生，还有一部分老红军。张闻天兼任院长，一些中央领导同志经常来讲课，刘少奇讲过《论共产党员的修养》，陈云讲过《怎样做一个共产党员》。它是延安最高级别的学府，当时都以能进马列学院为荣。丁玲在致胡风的信中，把马列学院的生活称为"我们在此读太平书"。

学习生活并不轻松，丁玲他们三人插入6月开学的二班，落了五个月课，要努力追赶。丁玲1939年春天给楼适夷的信里说："你以为在学校里会有空，实际相反，每一刻钟都分配好了，看参考书都看不完，这已经弄得没有时间。"后来他们转入新开学的三班，从头学起，才轻松了许多，三班是全院人数最多的一个班，有一百七八十人，徐海东、谭余保等老红军

也在这个班，学制一年，有中国近代史、哲学、马列主义、政治经济学等六门主课。丁玲后来说，她在马列学院学得不好，主要是学习态度问题，以为马列主义学那么多干啥子？她对学习方法也有意见："那种读书的方法，那个教条主义的方法，今天叫你读马列主义第几卷第几章第几页，明天又看第几卷几章几页。有的老师要问：'你的看法怎样啊？'我不敢说，说了，他又要说：'那你再看看列宁怎么讲的！'我不喜欢这样。我不喜欢背书，有些年轻学生背得头头是道，可我一条也背不出来。"[1] 她最喜欢听陈云讲党的建设，每次都用最实际最具体的实例印证理论，分析问题深透，说理清楚，语言生动，态度亲切。

延安物资紧缺，学员每天只有三钱油、三钱盐，小米饭，洋芋丝汤或萝卜条汤。1939年2月中共中央召开生产动员大会，毛泽东号召边区军民"自己动手，生产自给"。马列学院也领了开荒任务，丁玲不顾旁人劝阻，报名编入队伍。"清晨，寒风还有点刺骨，我的赤足和草鞋实在有些冷。我跟着一群小伙子们跳着，出发了。我急急忙忙地跑着，为着不掉在大家后边。过河了，河水刚刚解冻，同志们跳下去了，我能不跳下去吗？

---

[1] 丁玲：《读生活这本大书》，1984年10月，《丁玲全集》第8卷。

脚趾头抽筋了，牙齿冷得打战。旁边的人问我：'怎么样？'我努力把脸拉开，对他作出欢喜的微笑。我过河了，大队都过了河。比我年轻的不消说，比我年纪大的也过了河。还有比我身体坏的女同志也过了河。脚踩在沙土地上多舒服啊！大家都显出胜利的笑，我也真真的笑开了。于是我们又爬山，太阳升上了很高，我们到了目的地。我们分好了阵地，一声哨子，锄头闪闪发光，土地开花，草和树根都掀了出来，又压下去，歌声响遍了整个山头。"[1] 她给楼适夷的信里自豪地说：两个星期开了一千多亩地，而我们还不停止工作和学习呢。

丁玲体会到一种征服自然的豪迈，那是从未有过的感受。1950年代初，她总结那段经历说：劳动，"这对我是新鲜的事，我从这里得到锻炼，得到愉快。当时也确有过一点勉强自己，而在许多年后看来，就不仅仅只是一些比较深刻的回忆，而是深深的感到，幸而我有过那么一段生活，劳动和艰苦，洗刷掉我多少旧的感情，而使我生长了新的习惯。这种内部的、细致的、而又反映在对一切事物上的变化，只有我自己体会得到。当然这不能全盘归之于劳动，但劳动的确是一个很重要的因素"[2]。

---

[1] 丁玲：《劳动与我》，写于1950年代初，未刊稿。
[2] 丁玲：《劳动与我》，同上。

1938年11月，毛泽东同江青结婚了。毛泽东分别请一些同志吃饭，有一天丁玲和同班的徐海东、谭余保也接到邀请。但是安塞保育院捎来口信，说蒋祖慧闹眼病很厉害，丁玲急着去看女儿。安塞离延安有六十里，那时马列学院牲口少，刚好廖井丹从山西来，陈明把他骑的大青马借来了。丁玲想，吃饭以后还有机会，女儿的病要紧，就策马去了安塞。丁玲晚年提起此事时说，当时如果脑子多转一下，晚一天去安塞，就可以免去误会。

1939年在马列学院学习期间，丁玲开始了与陈明的恋爱。

他们的感情始于西战团。西战团有三个股，人数最多的是宣传股，股长是陈明。

陈明是抗大十三队的学员，1917年出生于江西鄱阳县一个地主家庭，自幼跟随大伯父在北京、上海念书，1933年考入英国教会创办的上海麦伦中学。他积极参加进步活动，显示出很强的文艺天分和组织能力，担任学校未名剧社社长时，排演了《扬子江暴风雨》等大戏，并售票公演。陈明被选为校学生自治会主席，还是上海中学生抗日救国联合会的创始人和领导者之一，1936年春天加入青年团，夏天转入中国共产党，1937年1月离开上海，先到北平，又到太原参加军政训练班，5月4日来到延安，进入抗大学习。

1937年6月20日，延安举行纪念高尔基逝世一周年晚会，抗大学生排演了话剧《母亲》，吴光伟扮演母亲尼洛夫娜，陈明扮演儿子巴威尔（伯夏）。坐在台下的丁玲，被舞台上的伯夏吸引，后来就把"伯夏"作为陈明的爱称之一。

陈明来到西战团，身上那股热情和活力感染了丁玲。他组织能力很强，宣传股有一大摊子事，负责演出节目、教唱歌曲、刷写标语，等等，陈明安排得井井有条。他脑子快主意多，还会做思想工作，看到谁有情绪闹别扭了，讲一段笑话，云开雾散，不经意间就把问题解决了。每次演出，他扛杉篙搭台子爬上爬下，一条新棉裤磨得露出了棉花。这一切丁玲都看在眼里，她在1937年冬天写的记述西战团生活的《一次欢送会》中，这样写到陈明："程远明才二十一岁"，"程远明对生活颇为严肃"，"程远明是一个刚刚脱离学生生活的人，刚有知识，就接受了正确的前进的思想"。"程远明"就是陈明。

陈明有胃痛的毛病，发作时疼得直不起身子。西战团到了潼关，陈明又犯了胃病，丁玲和高敏夫去西安打前站，决定带陈明一起走。上火车时十分拥挤，丁玲背起陈明直奔卧铺车厢，找到乘务员给他安排好铺位，自己才回硬座车厢去。车到西安，丁玲第一件事就是把陈明送进医院，一检查，是急性胃炎。丁玲把团里的工作安顿好，买来布料和棉花，给陈明缝制了一条新棉裤，特意把裤腰裁得长一些，把棉花絮得厚一些，可以暖胃。

陈明最初只把丁玲看作一位名作家、领导，慢慢看到她性格中更多的方面：没有架子，工作亲自动手，生活和大家一样，说话直爽，办事痛快，表里如一，待人真诚，即使个别脾气古怪的人，对她也很敬服。他愿意和她接近，愿意把意见和看法讲给她听，在尊重之外又多了一层亲近，也慢慢领悟出丁玲对他那种超乎一般同志的感情。

在西战团十个月里，丁玲和陈明相识了，相知了。进马列学院后，丁玲不在乎别人的议论，照旧关心陈明，与他频繁来往。陈明有时一周犯两三次胃病，捂着被子躺在炕上，他不能吃小米饭，丁玲就省下津贴给他买鸡蛋，到合作社买烧饼，把麦伦中学同学给陈明联系到的牛奶，在山上煮好，送到山下陈明住的平房。

但是他们两个人的年龄、经历与地位，差距都太大了：丁玲35岁，已经有过两次事实上的婚姻；陈明22岁，是个情窦初开的小伙子；丁玲先是以文学成就，继而因率西战团出征闻名全国，陈明则名气平平。按中国的传统观念，男方的地位、成就、声望应高于女方，起码也要旗鼓相当，但陈明比丁玲弱一大截。人们大都不看好这场爱情，相比之下陈明的压力大得多，就连老朋友柯仲平也认真地说："我怀疑你们能不能白头偕老！"

越是了解丁玲，陈明就越是敬重丁玲，爱丁玲，丁玲身上有许多女性所没有的长处，可是，敬重与爱情、做朋友与做恋人是两回事，朋友们善意的劝告不能不考虑，年龄、地位、资历等也不能不考虑，差距过大，会不会影响今后的生活和感情？陈明心里好烦，想要逃避丁玲。恰好廖井丹从薄一波那里来延安要干部，陈明曾在太原军政训练班受训，和廖井丹同在一个班，他决定随廖井丹去太原，王玉清也决定一起去，中央组织部批准后，他们就搬出马列学院。但阎锡山开始反共，去山西的事情就搁浅了。

这时留守兵团政治部提出，调陈明去做兵团政治部宣传大队大队长，兼烽火剧社社长。陈明自然十分高兴，匆忙上任去了。他在剧社导戏、演戏，没多久，对剧社里一个搞音乐的姑娘产生好感。她叫席平，比陈明小一岁，从北平来延安，是鲁艺音乐系的毕业生，参加过冼星海指挥的《黄河大合唱》首演，人很老实，有时受点委屈，陈明同情她，渐渐有了感情。1940年秋天，他们结婚了。

丁玲得知陈明结婚的消息流过眼泪。陈明没有想到丁玲这么在意他，这时他才明白，躲是躲不开的，丁玲在他心中的分量重于席平。他要再做一次了断，但找不出理由来跟席平离婚，就说她不自立，依赖性太强，总想依靠男同志，另外结婚前曾表示要对丁玲好，可结婚后对丁玲态度不好。陈明态度坚决，席平只能屈从，他们结束了短暂的婚姻。

1942年2月，春节放假的日子里，在延安兰家坪一间窑洞中，丁玲和陈明终于结合了。这一年丁玲38岁，陈明25岁。从那时起到1986年丁玲去世，他们手挽手走过了44年，在八级地震十级台风，天上电闪雷鸣地下山摇海动的险恶环境下，始终不渝，白头偕老。岁月证明了他们的选择。

四　边区文协副主任

1939年11月的一天，张闻天院长通知丁玲："中央组织部决定，你马上结束在马列学院的学习，到边区文协去工作，职务是副主任。"

那时边区文协已经有了两位领导，但艾思奇是兼职的主任，住在中宣部，柯仲平虽然是副主任，但是还领导一个民众剧团，经常下乡演出，调丁玲过去，就是让她把主持日常工作这个担子担起来。

毛泽东在1939年11月召开的中央政治局会议上，要求文化界与外界加强联系，中央文委扩大，由张闻天兼任书记，并决定召开文化界代表大会。中央决定加强对文化工作的领导，丁玲是这个棋盘上一颗重要的棋子，她原来就是中国文协的主任。但是丁玲不大愿意去边区文协管事，去中组部转组织关系时，她跟李富春副部长说："我到陕北已经三年了，开始是工作，接着是学习，现在很想专门从事写作。"李富春说："文协人数不多，但是党员很少，有几个人的历史还不清楚，组织问题一时不能解决，情绪不太好，你去了以后多做思想工作，你在西战团做团结工作还是有办法的。"这样,丁玲就带着简单的铺盖和换洗衣服、日用什物,去杨家岭后沟的边区文协报到了。

丁玲初来乍到,第一个倚重党支部书记师田手,其次是秘书长雷加,重要的事情则去找艾思奇请示。艾思奇不常来,他温和厚道,诚恳和气,从不急躁,对丁玲完全放手。柯仲平比丁玲大两岁,很欢迎丁玲,一个喜欢丁玲豪爽的性格,一个他可以无牵挂地下乡了。他把他住的窑洞、垫的毛毡都留给丁玲,说:"我经常下乡演出,你就睡我这儿。"丁玲笑着说:"你把这一摊鬼事情交给我管,你倒跑了。"柯仲平告诉丁玲一件

1941年丁玲、萧三(左)、胡蛮(右)在延安

事，1930年12月，他在上海第三次被捕，关在龙华监狱。1931年2月7日半夜里听见打铃，叫了一群人出去，接着听到一阵枪响……说到这里，他不作声了。丁玲自然明白他讲的是什么，那正是也频遇难啊！丁玲一下就跟柯仲平的感情贴近了。柯仲平像兄长般关心丁玲，连她家务的事情、私人的事情也管，两个人都能说能笑，一见面就说个没完。丁玲始终佩服民众剧团，1983年10月28日她与陕西省社科院同志谈话时说："柯仲平带的这个民众剧团做了很多工作，他同陕北人民结下了关系的，谁也不能和他比。但是搞'洋'的那些人看不起他们。民众剧团，陕北的沟沟湾湾都走到了，柯仲平说过一句话：你们要找民众剧团在哪里，就看路上哪里鸡蛋壳枣子核最多，那就是民众剧团到了。"

1940年1月4日，陕甘宁边区文化协会召开第一次代表大会。这是党中央机关进驻延安后，规模最大的一次文艺界大会，一连开了九天，把边区一切文化活动，以及方针任务都讨论了一番。代表有五百多人，丁玲当选为大会主席团成员，作了《关于文学大众化问题》报告。吴玉章致开幕词，张闻天、艾思奇都做了报告，1月9日毛泽东抱病到会，作了《新民主主义的政治与新民主主义的文化》长篇演讲，经过修改补充，一个月后在《中国文化》创刊号发表，题目改为《新民主主义论》。

大会决定，1937年11月成立的"陕甘宁边区文化界救亡协会"改名为"陕甘宁边区文化协会"，选举出新的领导，吴玉章任主任，丁玲、艾思奇（兼）为副主任。这次大会的重要性在于，第一，提高了延安文化工作的地位，第二，把延安各方面文化工作统一管理起来了。"过去是部队的搞部队的，各搞各的，现在都参加到文协里面来，文协的地位就提高了。中央很重视文艺工作，吴老挂帅当主席，当然他只是挂帅，也不是来做许多工作。"[1]

文代会之后，文协渐渐热闹起来，机关里人增加了。萧三、高阳从鲁艺搬来，刘白羽从前方回来了，萧军从重庆来了，人多了，事务性工作就多了，人际关系也复杂了。丁玲不喜欢管那么多杂事，1940年3月给楼适夷写信说："（马列学院）并未毕业，所学未竣，心殊不安，且文化人工作，亦非素志，劳神伤脑，无补于创作。但身不由己，只好又来做些计划、审查、开会、接头等等的事，又是谈话、了解、团结、使用，所以还是抽不出什么时间来，还不如在学校背柴锄地有趣。""现在会已开过，一切工作又在新的创始中，所以仍是忙得不亦乐乎，延安作风就是会多，我每星期至少有八九个会，你说忙不忙。"

---

[1] 丁玲1983年10月28日与陕西省社科院同志谈话，据录音记录稿。

对于居住状况，丁玲倒是很满意："我们住处在高山上，安静，防空好，窑洞是延安最漂亮的窑洞，因为是艺术人自己设计的，有榻可供睡眠，有沙发可以靠，有火炉可以取暖，窗子里透入不强烈的光线，可以供思考。但这一切都是取于土，挖这样一个夏凉而冬暖的美丽的窑洞，二十余元就够了，所以我是太满意我的生活了。而且我稍稍可睡得晚一点，深夜的灯下，实在有无穷的滋味，我正计划着偷出这些时间来阅读文艺巨著……"

关于丁玲1940年在边区文协的生活和工作状况，刘白羽在1992年写成的长篇回忆录《心灵的历程》中说：丁玲一直是一个自始至终从来没有大作家作派的人，因此成为文协这个小单元里和谐的核心，快乐的核心，"她在我们之中是极普通的一员。她和别人一道赶着小毛驴到延河边上汲水，我们大家闹嚷嚷地抱着脏污的衣衫，捧着一罐从木炭灰里过滤出的'肥皂水'到河边洗涤的时候，她也总走在人们中间，赤着两臂，一边说笑，一边洗衣"。"她非常健谈而且善谈，因此，工作一天以后，丁玲的窑洞便自然成为我们聚会之所。在麻油灯昏黄朦胧的光线中，丁玲以她的亲身经历编织着永远说不完的故事。我和汪琦都是她的忠实听众。"丁玲讲她的母亲，讲胡也频遇害，也讲过她的被捕，刘白羽回忆说："我记得这些谈话，大都是在杨家岭进行的，后来搬到蓝家坪，我住在半山腰的一间窑洞,她住在山顶上的一间窑洞,也还是常常聚谈。"

丁玲人缘好,就连被称为延安几大怪人的萧军、胡考、塞克、李又然,也都和她相处很好。李又然说:丁玲是小灶待遇,可是她把她的伙食费和大家的掺在一起,和大家一起吃中灶。陈明说:"在延安文协时,魏伯同志曾说过,丁玲本人一点也不怪,可是怪人都能同她相处,还处得很好。"胡考在1943年《万象》12月号上,以"田苗"署名发表《忆丁玲》一文,专门讲到丁玲的聊天:"如果,有三四个人在一起谈话,她的兴致也往往很浓,一旦有更多的人在一起时,她却变得非常沉默,犹之她生来是一个不喜多话的人。"她说:"聊天是一种享受,和几个谈得来的朋友在一起谈天,往往比娱乐还好些,许多种娱乐长久了就要讨厌的,唯有聊天可以永远聊下去。"

丁玲有魅力,能团结人,但这只是丁玲的一面,1940年丁玲的心里也有很大的烦恼,她在南京被捕后的表现又提了出来,引起一些怀疑。丁玲本来并不避讳南京被禁那段历史,一到陕北就讲给人听,还想把它写出来。朱正明在《丁玲在陕北》中说:"丁玲到陕北后,就决意要写一本关于南京幽囚生活的书,书名已定为《南京三年》。但是后来因为顾到统一战线的利益,她暂时放弃了出版的计划。她不愿个人出风头而在政治上产生刺激。"

1938年康生在中央党校说，丁玲没有资格到党校来，因为她在南京自首过。康生1937年11月随王明从苏联乘飞机返抵延安，先是担任中央党校校长，1939年2月又担任中央社会部部长兼情报部部长，他的话谁也不会怀疑。中央组织部1940年10月做出的《审查丁玲同志被捕被禁经过的结论》里，写到了某些同志对丁玲提出的怀疑，"大体上是由于：（甲）丁玲同志在南京被禁三年并未坐牢，也未审判，最后的一年半，丁玲同志形式上是国民党每月出钱一百元而自己租房居住（但仍与特务机关工作的姚蓬子同住）。（乙）在一九三三年被捕后，至一九三四年十月以前，仍与其叛变了的爱人冯达同居。（丙）一九三四年十月租房居住以后，行动比前一时期自由，可以上街行走邮寄信件，虽有某种困难，但亦有可能早些脱离南京的，而丁玲同志未早离开南京"。

丁玲1940年才从西战团的罗兰口中得知康生怀疑她，她很气愤，去找毛主席。她说："毛主席就跟我讲，你不要只到我这里来（过去我只上他那里去），你还要到康生那里去一下。我说我同康生有什么关系呀？我要到他那里去干什么？现在我了解他跟我讲话的那个道理啦！康生在背后整我。我想我和康生两个人风马牛不相及，我去看他干什么？我也不喜欢看他那个半洋鬼子，穿上高统马靴，戴上猎人帽子，拿一根马鞭的样子。我想我不去，也从未去过。"[1]她给中央组织部部长陈云同志写信，要求组织给做个结论，她来延安时没有审查过。组织上委托任弼时同志做这项事。任弼时1940年3月结束驻共产国际代表团负责人的工作回到延安，参加中央书记处，分管中央组织部，地位比康生高。丁玲说："弼时同志找我谈话，我一点也没感觉到他是在审查我。他叮叮当当地问我，他过去也是这样叮叮当当地问的。我们像聊天一样，谈得很仔细。后来，中央组织部对这段历史作了结论。"[2]

在战争年代里，在复杂的政治环境下，对丁玲在南京的表现提出怀疑，进行审查，这是很正常的事情。1940年10月4日，中央组织部做出《审查丁玲同志被捕被禁经过的结论》。结论说："党内有些同志曾经传说过丁玲同志在被禁于南京的三年中曾经自首，但中央组织部直到今天未听到任何同志提出丁玲同志曾经自首的具体证明，也未见过丁玲同志发表过自首文字和屈服于国民党的文字，因此认为这种传说无从凭信。"结论对"引起对丁玲同志怀疑"的三个疑点（即被禁三年并未坐牢也未审判，国民党每月出钱一百元自己租房住；1934年10月以前一直与叛变了的爱人冯达同居；有可能早些脱离南京而未及早离开），均"根据丁玲同志自述"做了回答。

---

[1] 丁玲：《谈写作》，1982年5月，《丁玲全集》第8卷。
[2] 丁玲：《忆弼时同志》，1983年10月，《丁玲全集》第6卷。

"估计到丁玲同志当时的社会地位（是党外活动的女作家）及当时上海文化界的营救运动，丁玲同志未被杀戮，而国民党也没多方逼她自首，反给她优待和最后任她离开南京，这种特殊的情形也有可能的。""中央组织部审查丁玲同志被捕被禁的经过以后，认为根据现有材料看来，说丁玲同志曾经自首没有具体证明，因此自首的传说不能凭信，但丁玲同志没有利用可能（虽然也有顾虑）及早离开南京（应该估计到住在南京对外影响是不好的），这种处置是不适当的。""虽然如此，但因对丁玲同志自首传说并无根据，这种传说即不能成立，因此应该认为丁玲同志仍然是一个对党对革命忠实的共产党员。"结论的落款是"中央组织部　陈云　富春"。[1]

1941年1月1日，陈云部长把《审查丁玲同志被捕被禁经过的结论》通知丁玲，特意告诉她，结论的最后一句"应该认为丁玲同志仍然是一个对党对革命忠实的共产党员"，是毛主席加上去的。陈云要中组部把这个结论复写一份交给丁玲保存，在上面写道："丁玲同志，这是中组部几次审查后对你的结论，请你保存一份。"陈明说，陈云同志有政治斗争经验，这个做法真有远见，好像就是要预防以后搞运动时会有反复，有人会揪丁玲的小辫子。

---

[1] 《审查丁玲同志被捕被禁经过的结论》，载《丁玲全集》第10卷。

五　编辑《解放日报》文艺栏

1938年春，丁玲（右）与萧红（左）、夏革非

　　1941年初春，丁玲向张闻天同志提出申请并获得批准，到延安县川口区的农村去体验生活，她在川口开始写《在医院中》，还写完了《夜》。《夜》是丁玲主持《解放日报》文艺栏期间，在《解放日报》上发表的唯一小说，署名晓菡，这个笔名她只用过一次。

从1940年到边区文协，到1942年春天整风开始，这一段是丁玲整个延安创作的高峰期，她最重要的小说、散文和杂文都产自这一时期。经过了初到解放区的激动惊喜，初尝了军旅生活的粗犷豪迈，率领过一支军事宣传团体亲历紧张复杂的斗争，又经受了组织的严厉审查、恋爱招来的闲言碎语，有了这种种丰富经历的丁玲，能够站在一个新的高度观察延安，作品也变得深刻厚重，显出战斗的锋芒。这些作品主要包括：小说《我在霞村的时候》《在医院中》和《夜》，杂文《开会之于鲁迅》《我们需要杂文》和《三八节有感》，散文《风雨中忆萧红》。

这些作品中最早动笔的是《我在霞村的时候》，始于1940年12月，动因是丁玲听到的一件新闻。有一个同志要到医院去看一个刚从前方回来的女同志，那个女同志曾被日本人强奸，却给八路军搞到很多情报，把病养好以后，又派她到前方去做原来的工作。她恨透了日本人，但为了抗战胜利还是忍痛去了。丁玲听了非常感动，也非常难过，心想，这位女同志不仅身体被损害了，精神也受了损害，许多村民不理解甚至看不起她，但是她没有被痛苦压倒。这个人物一直在丁玲的脑子里活着，酝酿着，起初是以第三人称写，写了三分之二改用第一人称。丁玲改用第一人称，是为了便于抒发感情，抒发对贞贞的赞美。她说："我曾经向很多人说过，我是更喜欢在霞村里的贞贞的。为什么我会更喜欢贞贞呢？因为贞贞更寄托了我的感情，贞贞比陆萍更寂寞，更傲岸，更强悍。"[1]

这篇小说发表在1941年6月出版的《中国文化》第三卷第一期上。《中国文化》以发表理论文章为主，艾思奇主编，林默涵编辑，毛泽东的《新民主主义论》就首发于此，偶尔刊登少量文学作品。刘白羽说："《中国文化》在延安人心目中有一种特殊的威望。"

《我在霞村的时候》揭示了即便在解放区，妇女仍然遭受性别的歧视，批判了村民的蒙昧落后。随后的《在医院中》批判了革命队伍中的自私和冷漠，医院的环境和人员比霞村更为丰富多彩，丁玲对"医院"的批判，超过对"霞村"的批判。

《在医院中》里的人物和生活，丁玲有直接的体验。1938年底，丁玲在马列学院痔疮大发，到医院施过两次手术。医院在拐峁村，是1938年11月延安城被轰炸后才开办的，设备不好，工作人员少，丁玲住了一个多月，认识了产科助产士俞武一。她二十一二岁，经常跑到丁玲住的外科来照顾病人，她有热情和克己精神，但好发议论，感情脆弱，容易感伤。丁玲常常鼓励她，要她强健些，认清磨难。丁玲离开医院后，俞武一依然常常萦绕在脑中，

---

[1] 丁玲：《关于〈在医院中〉》，写于延安整风时期，《中国现代文学研究丛刊》2007年第6期。

有了把她放进小说里的冲动。之后的两年中,延安来了很多知识青年,丁玲在接触中发现这些女孩子都有理想,但缺少客观精神,所以容易失望,消极冷淡,锐气消磨。丁玲喜欢她们的朝气,讨厌她们的脆弱,接触多了,便想写一篇小说来说服与鼓励她们,写一个坚强的、理智的女性,能够迈过荆棘,在艰苦中生长和发光。丁玲说:"这个欲念发生之后,很自然的那个被冷淡了却生活在我脑子中有二年之久的女主人公便活过来了。我便顺手使用了她。"动笔的时间是1941年春天,"那时我正住在川口乡下,抽芽的柳枝正挂在暖水沟的清流上,润湿的柔风吹着我的面颊,而那医院里的朔风和沟底下冻结了的溪流也跑到我的回忆中。于是我坐在岩石边,开始了我的小说"[1]。丁玲给主人公起名叫陆萍,一个女孩子,什么经验也没有,跑到革命队伍里,看到很多不合理的落后的东西,就有了意见,在那个环境里就必然产生矛盾。但是《在医院中》的内涵绝不止于此,更为敏感的是它对于医院环境的描述,1942年整风中小说曾经在《解放日报》上受到批评,也是由于这个问题,后来被上纲为"歌颂"与"暴露"。

小说设置的矛盾冲突一步步发展,但是在什么样的情形下

---

[1] 丁玲:《关于〈在医院中〉》,写于延安整风时期,《中国现代文学研究丛刊》2007年第6期。

结束呢？丁玲想过许多结尾，都认为不够好，不得不暂时放弃。1941年4月底，张闻天通知丁玲回延安主编《解放日报》文艺栏，紧张的新工作使她无暇顾及自己的小说。秋末，全国文抗延安分会创办《谷雨》，确定由艾青、丁玲、舒群、萧军轮流编辑。艾青编辑第一期，来找丁玲要稿子，丁玲便把这旧稿拿出来，在一个下午努力写下去，匆匆结尾。1941年11月15日，小说排在《谷雨》创刊号的首篇。《谷雨》以发表文艺创作为主，在延安文艺刊物中水平最高，一般刊物的来稿限制在三五千字，而《谷雨》限定在万字以内，特稿还可例外，《在医院中》就突破了一万字。

丁玲在川口乡下住了两个月，1941年4月末回到延安。张闻天告诉她：中共中央决定创办《解放日报》，博古任社长，杨松任总编辑，要她去主编文艺栏。5月15日，毛泽东为中共中央书记处起草了创办《解放日报》的通知，明确《解放日报》是中共中央机关报，担负着统一解放区军民的思想、指导工作、进行革命教育的重任。5月16日《解放日报》问世，毛泽东题写了报名，并写了《发刊词》。

《解放日报》在清凉山，丁玲是5月14日搬过去的，她手下只有陈企霞一个编辑。后来从鲁艺调来文艺栏的黎辛回忆说：编辑文艺稿件的行政机构叫文艺栏，使用的公章也是"文艺栏"三个字。文艺栏由社长和总编辑直接领导。丁玲不是报社编委会委员，但参加编委会有关会议，生活待遇同编委，吃中灶伙食。那时物质条件艰苦，每人一张白木两屉桌，一个板凳，从行政处领来蓝紫颜料和蘸水笔尖，用个小瓶泡墨水，用根木棍绑上笔尖做笔。每人有一个盛水罐，一切用水都从山下往山上提。每个编辑有一盏小美孚牌的煤油灯，白油光纸和白油光纸印的稿纸够用。报纸初创的头四个月，每天出版对开两版，文艺稿件发在第二版左边，以辟栏形式见报，每次发稿约三千字，不用文艺栏的版头。9月16日报纸改出对开四版，文艺稿件发在第四版的下半版，用《文艺》两字作报头，每次发稿六千字，每月发稿约二十次。[1]

《文艺》占《解放日报》八分之一的篇幅，这在边区是第一次出现，延安的作家有了更多发表文章的地盘，说明党对文艺作品的重视，需要以各种艺术形式来反映边区以及各抗日根据地的生活。

报纸一创刊，社长博古就提醒丁玲要注意两个问题，一个是坚持党报的方针，不登杂文，不登轻骑队那样的文章；一个是不卷入文抗与鲁艺的矛盾，我们是党报，团结各方面人。但

---

[1] 黎辛：《丁玲和延安〈解放日报〉文艺栏》，《新文学史料》1994年第4期。

丁玲却心仪杂文，为了"使《文艺》减少些'持重'的态度，而稍具泼辣之风"，1941年10月，她"就号召大家写杂文，征求对社会、对文艺本身加以批判的短作"[1]，并带头写了《战斗是享受》《我们需要杂文》等四篇。

丁玲主编文艺栏期间，发表了孔厥、韦君宜、贺敬之、葛洛、黄钢、朱寨、陈涌等三十几位新人的处女作或成名作，还发表了萧三等人翻译的苏、美、英、法等国的文学作品，成绩有目共睹。1942年3月12日《解放日报》文艺栏第101期上，刊登了丁玲写的《编者的话》，对一百期《文艺》做了小结，末尾说："最近我大约要离开报馆，工作不久就告一结束，但不管我离开多远，我是不会和《文艺》无关的，也许我会更多地替《文艺》写稿。只要我有空，有什么文章或问题需要垂询时，仍可寄给我。我暂住文抗。"

1942年2月，丁玲以治疗关节炎为由，要求调离《解放日报》，接替她的舒群还未到任，丁玲便在寒假过年时搬到蓝家坪"文抗"驻地。一时没有空窑，她就借住在罗烽母亲的窑洞，舒群到《解放日报》上任后，才搬进他的窑洞。

丁玲离开《解放日报》的目的，是想要下乡去搞创作。

---

[1] 丁玲：《解放日报》文艺副刊101期《编者的话》，《丁玲全集》第9卷。

1939年她在马列学院学习时，就想以陕北革命为题材写一本小说，但那时陕北革命中有些重大历史问题尚未做出结论，有些事不便细谈。后来党中央开过高干会，弄清了历史，她写这本书的念头又活动起来了，她找了高岗，高岗表示欢迎，建议丁玲先到绥德走走。这时毛主席要她参加整风学习，稍微晚一些下去，她就留了下来。

3月7日，陈企霞派人送信来，约丁玲写一篇纪念三八节的文章，要得很急。丁玲对于延安女同志的处境早已有些意见，近来又有两起离婚事件闹得很大，一起是陈学昭与何穆，一起是朱仲芷和萧劲光，她正有话要说，便"连夜挥就，把当时我因两起离婚事件而引起的为妇女同志鸣不平的情绪，一泻无余地发出来了"[1]。3月8日清晨写完《三八节有感》，9日刊登在《解放日报》第四版，这篇不足三千字的文章，主题就是"为妇女同志鸣不平"。

当时在延安，生孩子和结婚成为女同志两个重要话题。《三八节有感》说："女同志的结婚永远使人注意，而不会使人满意"，不管选择谁，总有她的"不是"，嫁个小官，就说"一个科长也嫁了么"？嫁个大官，就会说艺术家找不到漂亮

---

[1] 丁玲：《延安文艺座谈会的前前后后》，1982年3月，《丁玲全集》第10卷。

情人！不愿嫁给首长，首长就会不满地骂"他妈的，瞧不起我们老干部"！如果怀孕生孩子，就意味着事业的终结，"落后"的开始，整日辛苦操劳，还要被讥讽为"回到家庭了的娜拉"。一旦离婚，那"离婚的口实，一定是女同志的落后"，假如首先提出离婚的是女方，"那一定有更不道德的事，那完全该女人受诅咒"。丁玲还抨击了延安的等级制度，女人的命运乃至小孩子的生活水准，取决于男人的地位和身份，刚出生的婴儿"有的被细羊毛线和花绒布包着，抱在保姆的怀里；有的被没有洗净的布片包着，扔在床头啼哭"。

《三八节有感》尖锐泼辣，言辞犀利，批评了延安的男尊女卑和等级制度，引起了女同志的强烈共鸣，也引来大麻烦，在高级干部学习会上受到一些人严厉批评。会议总结的时候，毛主席说：《三八节有感》和《野百合花》不一样。《三八节有感》对我们党、对我们的干部有批评，但也有积极的建议，我们要不同地看待它们。毛主席保护了丁玲。

丁玲说："毛主席把我找去谈了一次话。毛主席讲，共产党是喜欢、愿意听批评的，如果我们不听批评的话，我们这个党就完啦！你批评了是好的。我也在批评。什么'墙上芦苇，头重脚轻根底浅；山间竹笋，嘴尖皮厚腹中空'。他骂教条主义骂得也够厉害的啦！毛主席讲，我也批评嘛，你批评没有什么不好的，可以批评的，但是要看对什么人。我们批评共产党人是自我批评，是我们自己人的批评，一定要先充分说人家的好处。他说，你看我的文章先说他们做了很多工作，主要还是有成绩的，是好的，然后我再批评缺点。你这篇文章就没一点肯定人家，好像是人家一直就不好，这就不对了。应该与人为善嘛，与人为善就应该充分估计人家好的地方。"[1]

丁玲受到批评后，心情很郁闷，觉得自己不过是直抒胸臆，并无恶意。1942年4月25日她写了《风雨中忆萧红》，这是丁玲延安时期最出色的散文，借忆萧红为名，抒发自己的心境，袒露了不被理解而又无处诉说的苦闷。

萧红1942年1月22日在香港病逝，直到4月8日延安《解放日报》第二版才以"本报桂林讯"登出《萧红病逝》消息。丁玲1938年率领西战团撤离山西、开往西安期间认识了萧红。萧军那时要去五台山打游击，把萧红托付给丁玲，这两位有才气却走着不同道路的女作家，就有了比较多的接触和谈话，萧红还送给丁玲一张她与萧军的合影照片。丁玲工作繁忙，实在没有更多聊天时间，萧红也很快跟着端木蕻良去了武汉。丁玲在《风雨中忆萧红》里，深情回忆起她们两人那段短暂的交往：

---

[1] 丁玲：《谈写作》，1982年5月，《丁玲全集》第8卷。

第二章 陕北：十年蜕变

"萧红和我认识的时候，是在一九三八年春初。那时山西还很冷，很久生活在军旅之中，习惯于粗犷的我，骤睹着她的苍白的脸，紧紧闭着的嘴唇，敏捷的动作和神经质的笑声，使我觉得很特别，而唤起许多回忆，但她的说话是很自然而直率的。我很奇怪作为一个作家的她，为什么会那样少于世故，大概女人都容易保有纯洁和幻想，或者也就同时显得有些稚嫩和软弱的缘故吧。但我们都很亲切，彼此并不感觉到有什么孤僻的性格。我们尽情地在一块儿唱歌，每夜谈到很晚才睡觉。当然我们之中在思想上，在感情上，在性格上都不是没有差异，然而彼此都能理解，并不会因为不同意见或不同嗜好而争吵，而揶揄。接着是她随同我们一道去西安，我们在西安住完了一个春天，我们痛饮过，我们也同度过风雨之夕，我们也互相倾诉。然而现在想来，我们谈得是多么地少啊！我们似乎从没有一次谈到过自己，尤其是我。然而我却以为她从没有一句话是失去了自己的，因为我们实在都太真实，太爱在朋友的面前赤裸自己的精神，因为我们又实在觉得是很亲近的。但我仍会觉得我们是谈得太少的，因为，像这样的能无妨嫌、无拘束、不须警惕着谈话的对手是太少了啊！"[1]

---

[1] 丁玲：《风雨中忆萧红》，1942年4月，《丁玲全集》第5卷。

1982年3月8日,丁玲写了《延安文艺座谈会的前前后后》,谈到《三八节有感》说:"四十年之后,现在我重读它,也还是认为有错误的",因为没有"估计人家的长处",如果"肯定优点,再谈缺点,人家就比较容易接受了"。这是毛主席告诫她的。

六　在整风中

1942年4月3日，中共中央宣传部发出《关于在延安讨论中央决定及毛泽东同志整顿三风报告的决定》，随后，中央成立总学习委员会，各机关组织学习分委员会，自4月20日至7月20日，三个月时间学习研究22个文件。5月1日，《解放日报》二版刊登《文抗作家进行文件研究》的消息，全国文艺界

1942年5月23日，延安文艺座谈会合影。前排坐者左八为丁玲

抗敌协会延安分会成立学习分会，由郑汶、丁玲、刘白羽、黑丁等五同志组成，实际由丁玲主持，她本不是文抗领导，但中宣部调她去文抗领导整风学习，说明丁玲仍旧得到信任和重视。

5月2日下午，以毛泽东和凯丰的名义发起的文艺座谈会，在杨家岭中央办公厅楼下会议室召开，一百多位文艺工作者到会。如此高规格大规模的文艺座谈会，在延安从没有过。毛泽东在准备座谈会期间找过一些文艺工作者谈话，搜集意见。李又然说，毛主席找文艺界同志谈话，头一个就是丁玲，丁玲谈完，要她找艾青，艾青谈完，要他找萧军。丁玲说："这次毛主席和我谈话的内容只是有关批评的问题。"

毛泽东在文艺座谈会上讲话说：文艺工作者应站在无产阶级的和人民大众的立场。对于共产党员来说，也就是要站在党的立场，站在党性和党的政策的立场。文艺作品在根据地的接受者，是工农兵以及革命的干部。这就发生一个了解他们、熟悉他们的问题。"许多同志爱说'大众化'，但是什么叫大众化呢？就是我们的文艺工作者的思想感情和工农兵大众的思想感情打成一片。"[1]

5月16日，文艺座谈会讨论一天，丁玲发言，后来整理成《关

---

[1]《毛泽东传》，中央文献出版社2003年出版。

于立场问题我见》，刊载于6月15日出版的《谷雨》第1卷第5期。丁玲谈了两个"重要的问题"，一个是"文艺应该服从于政治，文艺是政治的一个环节，我们的文艺事业是整个无产阶级事业的一个组成部分"，这就是"文艺的党性"。第二个是立场问题，"共产党员作家，马克思主义作家，只有无产阶级的立场，党的立场，中央的立场"。这是丁玲思想认识的一个重要转变。

5月23日下午文艺座谈会举行最后一次会议。发言结束后，吴印咸为与会者拍合影。黎辛在《野百合花·延安整风·再批判》中说："照相时，有人听见毛主席找丁玲，问：'丁玲在哪里呢？照相坐近一点么，不要明年再写《三八节有感》。'当他往左看，见丁玲隔他三个人挨着朱总司令坐下时，他放心坐下了。"

晚饭后，毛泽东在广场上做结论，他说："什么是我们的问题的中心呢？我以为，我们的问题基本上是一个为群众的问题和一个如何为群众的问题。""为什么人的问题，是一个根本的问题，原则的问题。过去有些同志间的争论、分歧、对立和不团结，并不是在这个根本的原则的问题上，而是在一些比较次要的甚至是无原则的问题上。而对于这个原则问题，争论的双方倒是没有什么分歧，倒是几乎一致的，都有某种程度的轻视工农兵、脱离群众的倾向。""这个根本问题不解决，其他许多问题也就不易解决。"[1]

毛泽东在文艺座谈会上的讲话，奠定了他在革命文艺阵营的导师地位，延安几乎所有文化人，都心悦诚服地接受了他的文艺观点。丁玲想起早在1937年春天刚进延安时，毛主席就曾开玩笑似地跟她说过："知识分子很喜欢同你接近，你这里有点像文化人的俱乐部。"还说丁玲有"名士气派"，实际就是批评她不能深入工农兵。她终于懂得了延安与上海的不同，这里有组织纪律约束，话是不能乱讲的，牢骚不好随意发的，作家不是自由职业者，而是党领导的为实现革命目标而战斗的战士，否则就为延安所不容。过去她是对延安看不惯，呼吁改变种种坏现象，现在她开始对自己看不惯，要改造自身了。来陕北五年多，直到这时她才"开始有点恍然大悟"，"把过去很多想不通的问题渐渐都想明白了，大有回头是岸的感觉"，"像唐三藏站在到达天界的河边看自己的躯壳顺水流去的感觉，一种幡然而悟，憬然而惧的感觉"，她知道，"这不过是一个正确认识的开端，我应该牢牢拿住这钥匙，一步一步脚踏实地的走去。前边还有九九八十一难在等着呢"。[2] 丁玲把整风中的两本心得笔记，封面题目写作《脱胎换骨》和《洗心革面》。

---

[1]《毛泽东传》，中央文献出版社2003年出版。
[2] 丁玲：《文艺界对王实味应有的态度及反省》，1942年6月，《丁玲全集》第7卷。

她没说错，前边确有九九八十一难在等着她呢！

1943年是丁玲延安时期最压抑的一年，写得最少的一年，她大部分时间在中央党校参加整风学习和审干，她因为有过被捕的经历，成为重点审查对象。那年她没有发表一篇文章，只在年尾党校发动大家写秧歌剧时，根据听来的故事写了一个剧本《万队长》，一篇文章《二十把板斧》。

正月初三，延安文化界召开劳动英雄座谈会，请来三位劳动模范：农民吴满有，工人赵占魁，机关生产者黄立德。听完他们的事迹，到会的二百多人反应强烈，丁玲发言说："过去我总有些感伤的性情，今天听了几位新的英雄的讲话，他们都是乐观开朗的，奋发向上的，他们给予我新的健康的题材了！"三位模范人物还向文艺界发出了"到农村去，到工厂去"的意见，大家立刻积极响应，提出这样的口号：把笔头与锄头结合起来，把笔头与铁锤结合起来！

1943年3月10日，中央文委和中央组织部联合召开党的文艺工作者座谈会，这是文艺座谈会之后又一次重要会议，中央文委主任周扬主持，中宣部副部长凯丰作了《关于文艺工作者下乡的问题》讲话，具体谈了为什么下乡，下去要注意什么。中组部部长陈云作了《关于党的文艺工作者的两个倾向问题》讲话，说文艺工作者存在两个不良倾向，一是特殊，二是自大。

有人以文化工作者自居，不遵守党的纪律，不学习马列主义，不学习革命实际。

过了两天，《解放日报》来采访丁玲，请她谈谈参加文艺工作者座谈会的感想。丁玲说，她正在积极准备下去，文抗的同志都在准备下去，过去并没有真正和群众成为一体，这一次我们要下去写农村，写农民，如果有谁能够连续写出二十篇边区农村的通讯，我们要选他做文艺界的劳动英雄。

但是形势马上发生了重大变化。4月，中央决定文抗停止活动，全部文化人下乡，这个文人相聚的小圈子被打破了。5月，丁玲被安排去中央党校一部参加整风学习，在中央研究院新闻研究室工作的陈明去了中央党校三部。中央党校第一部包括高级干部、中共七大代表和军事学院的高级班，第三部是知识分子和文化理论工作者，文抗一些作家也编在第三部。三部离一部有好几里地，丁玲和陈明只有节假日可以见面。他们家有一条狗，陈明已经养了三年，只得把它寄托给任弼时家。

4月3日，中央发布了《关于继续开展整风运动的决定》，其中说："自抗日民族统一战线成立与我党大量发展党员以来，日寇与国民党大规模地施行其特务政策，我党各地党政军民学机关中，已被他们打入大批内奸分子，其方法非常巧妙，其数量至足惊人。"7月，国民党包围陕甘宁边区，胡宗南、傅作义南北夹击，第三次反共高潮达到顶点，反特斗争形势更加紧张。7月15日，康生在杨家岭中央大礼堂召开的中央直属机关干部大会上，作《抢救失足者》报告。在那前后掀起了"抢救失足者运动"，大搞逼供信的过火斗争，造成许多冤假错案，伤害了一大批干部。

8月15日，中共中央又作出《审查干部的决定》，提出"在整风中审查干部，并准备进一步审查一切人员"。劈头一句就是："特务之多，原不足怪。"随着反特和审干的发展，丁玲不能不想到1938年康生在党校说过的话："丁玲是叛徒，党校不欢迎她！"虽然中央组织部已经给她做了结论，但是在现今局势下，什么事情都可能发生。果然有人提出疑问了，他们不能理解丁玲在南京每月拿着国民党一百元生活费，不坐牢不受刑，却没给国民党做事情，丁玲在南京被捕的历史很可疑，甚至有人怀疑她是不是国民党派遣的特务！审查人员找她谈话，要她对党忠诚老实，交代清楚。陈明不在身边，丁玲有口难辩，如惊弓之鸟，精神负担很重，在一个16开灰色软皮封面的横格本上，写下内心剧烈的矛盾和极大的痛苦。

8月12日她写道："我要坚持对党的信念我才能得到平安。党终会明瞭我的。在八月不能搞清楚，九月一定可以，九月不行，今年一定行。我应该与平日一样的尽一个做党员的本分，那末生活着，那末工作着才对。我要极力设法使自己的问题搞清楚，使党明白我。"8月16日写道："毛主席，彭副校长：相信我，我请求你们，当我的问题到了现在的时候，我是没有胆子来向着我们党的领袖来胡扯，来开玩笑的。"

8月27日丁玲写了一份补充交代材料，增加了一个过去隐瞒的细节："我相信了一个奸细的话，以为能够求得即速出去为妙，以为只要不写脱离共产党字样算不得自首，以为这对国民党的一时欺骗不要紧。我听从了他，我写了一个条子……"条子的内容大意是："因误会被捕，生活蒙受优待，未经过什么审刑，以后出去后，不活动，愿家居读书养母。"1940年任弼时找她谈话时，她没有谈这个条子，害怕引起怀疑，徒增麻烦，另外她觉得，那是为了蒙骗敌人所写，并无实质性内容。这张条子一下加重了丁玲问题的严重性，小组长等人多次找她谈话，施加压力。丁玲的信心被摧垮了，9月14日她在横格本里写道："我已经向党承认我是复兴的特务了"，"我说了我的反党的罪行，历数了，把我的什么都说成是有意反党的阴谋，我把我认识的人都供了，把我同这些人都说成了特务工作的联系，支部书记答复我说问题解决了一部分，现在还须要我反省出国民党使用我的方法，和我的工作方法，因为他说我是很高明的"！那一天是中秋节。

2007年4月陈明向中国现代文学馆捐赠丁玲这个本子时，介绍了历史背景："党校一部都是高级干部，每个人住一个窑洞，平时可以自由活动，大家互相之间不谈政治问题，可以打扑克，陈赓最爱玩扑克，但他们都不敢跟丁玲玩，怕受影响。丁玲那时很苦闷，就是一个人在窑洞里学习，想自己的问题，思想压力很大。我在三部，离一部有好几里地，抢救失足者时，都在党校一部开会，一部有院子，有会台，我们都是列队去，一个星期开几次会，有时口袋里装着西红柿。我和丁玲不能讲话。在这种情况下，丁玲写了这几页日记。"

1943年10月10日中央决定，整风运动进入总结提高阶段，高级干部重新学习和研究党的历史和路线是非问题。丁玲属于有问题暂时未弄清的人，没有资格参加学习。这期间，中央党校教务处副主任刘芝明给予丁玲关照，他负责党校的业余文艺活动，新年前夕党校的杨绍萱、齐燕铭等人创作了京剧《逼上梁山》，刘芝明拉着丁玲讨论剧本，看排练；姚仲明创作了话剧《同志，你走错了路》，刘芝明也拉着她讨论剧本。丁玲喜欢上京戏，尤其喜欢去中央大礼堂看陶德康的表演。她后来回忆说，整风的时候天天开会学习，反对个人英雄主义，但是看完陶德康演的石秀、周瑜，把我们都迷住了，我就很感慨地说，这两三个月的书白看了，个人英雄主义又回来了。

1944年2月，毛泽东在西北局干部大会上承认，审干运动搞得过火了，误伤了许多同志。不久，丁玲的所谓"特务"问题得以澄清，但是没有给她做结论。

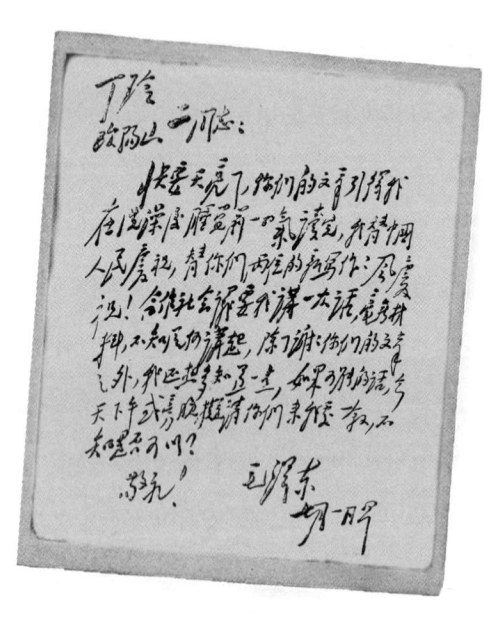

毛主席1944年7月1日写给丁玲、欧阳山的信

七　毛主席表扬《田保霖》

1944年春天，在胡乔木安排下，丁玲离开中央党校，去陕甘宁边区文协专职写作。她有一种重获自由的感觉，到边区文协去报到，陈明也由中央党校三部调来，他们又在一起了。

陈明1970年6月13日在秦城监狱的材料中写道："把我调来文协，我体会到是党对我们的照顾。我在这里，经过激烈的斗争，才决心在创作上学习，努力，不计成败，革命尽力。"他为什么要"经过激烈的斗争"？因为文艺创作非他所长，也非他所好。陈明很活跃，爱唱歌演戏，组织能力也很强，适合做行政工作，却不擅长写文章，也不喜欢孤坐灯下奋笔疾书的生活。陈明1986年5月8日告诉笔者："是乔木找我谈的话。四四年是我走向转折的一年，看到丁玲在整风和审干时受到的委屈，很同情她，她要求下乡，一个女同志不方便，我就同意调去文协，放弃了原来做行政工作（当县长，让丁玲去我所在县）的想法。"他在自己的回忆录中也写过："其实我对文学的兴趣不太浓，坐不住，我更喜欢做群众工作。"到文协搞创作，是陈明一生的重大转折，他为丁玲做出个人前途的牺牲，在以后漫长的日子里，更多的不是搞自己的创作，而是为丁玲的创作提供尽可能周到的服务。

从1944年春到1945年秋在边区文协这一年半的日子，是丁玲、陈明结婚后第一次比较稳定地在一起生活。

丁玲4月离开党校，5月就要和陈明下乡，原打算去柳林区第二乡吴家枣园看劳模吴满有。孔厥在那里当副乡长，他在丁玲主编的文艺栏上发表过作品，很热情，建议他们去麻塔村，说那个村子的开荒和妇纺工作都搞得好，茚克万是二乡最好的村长。丁玲、陈明决定改去麻塔，还约了画家石鲁同行。麻塔村水质不好，有地方病，病人个子矮小，四肢伸不直，关节向外突出，像柳树上长的节，老百姓称为"柳拐子"。老村长茚克万的婆姨就是个"柳拐子"，丁玲挨着她睡，跟她唠家常，了解到许多情况。

第二天他们去看妇女纺线。这个村子几乎家家都有纺车，但纺的线质量不大好。丁玲三个人帮助修改纺车，传授卷棉条技术，线就纺得多纺得匀了。女人们高兴了，争着拉他们到家里吃饭。晚上，吃完了做饭能手招待的"非常鲜美的酸菜洋芋糊糊下捞饭"，他们去参加青年人的文艺聚会，小伙子们唱《顺天游》《走西口》《五更调》，唱了新编的又唱旧的，这些曲子让丁玲迷醉，回去的路上，"我们跨着轻松的步子，好像刚从一个甜美的梦中醒来，又像是正往一个轻柔的梦中去。啊，这舒畅的五月的夜啊"！三天很快过去了，丁玲背着背囊踏上归途。"遍山漫开的丁香，摇动它紫色的衣裳，把我们送出沟来。我们也只以默默的注视回报它，而在心里说：'几时让我们再来。'"[1] 她很快就以优美的笔调写出《三日杂记》。陈明说，《三日杂记》"是丁玲新的写作作风的开始"。稿子在《解放日报》上登出来，毛主席读了很高兴，见到丁玲说："你能够和柳拐子婆姨睡在一块聊天呀，真不简单嘛！"

1944年6月末，边区召开合作社主任联席会议，丁玲去会上采访了靖边县新城区五乡民办合作社主任田保霖，写了一篇《田保霖》，登在6月30日《解放日报》上。

第二天上午，有人送来一封信：

丁玲欧阳山二同志：

　　快要天亮了，你们的文章引得我在洗澡后睡觉前一口气读完，我替中国人民庆祝，替你们两位的新写作作风庆祝。合作社会议要我讲一次话，毫无材料，不知从何讲起，除了谢谢你们的文章之外，我还想多知道一点，如果可能的话，今天下午或傍晚，拟请你们来我处一叙，不知是否可以？

　　　　　　　　　　　　　　　　　　　毛泽东　七月一日早

---

[1] 丁玲：《三日杂记》，1944年6月，《丁玲全集》第5卷。

自从1942年4月，毛泽东为了准备文艺座谈会的讲话找丁玲了解情况，已经两年多没有单独见她。丁玲在中央党校接受审查时即便内心万分痛苦也没有找过毛主席，因此接到这封信"觉得非常惶恐"。当天下午她和欧阳山一起去了枣园。毛主席问了些情况，留他们吃了晚饭，还喝了酒，直到天黑他们才策马离去。38年之后，丁玲深情回忆起那个晚上："延安枣园里的黄昏，一钩新月，夏夜的风送来枣花的余香，那样的散步，那样的笑语，那样雍容大方，那样温和典雅的仪态，给我留下了最美好的回忆。越是高尚的人，越能虚怀若谷，越是浅薄的人便越发装腔作势。我觉得那时毛主席的平等待人和平易近人的作风，实在值得我一生学习并且勉励自己身体力行，坚持到底。"[1] 字里行间仍是一种幸福、崇敬的心情。

毛主席并没有讲多少能让她留下印象的话语，他更多的是鼓励丁玲，让因为写了《三八节有感》和接受审干而有些"灰溜溜"的丁玲振作起来。毛主席还在多种场合表扬过她，丁玲采写《一二九师与晋冀鲁豫边区》时陈赓就告诉她：毛主席在一次高干会上说，"丁玲现在到工农兵中去了，《田保霖》写得很好，作家到群众中去就能写好文章。"萧三也告诉丁玲，

---

[1] 丁玲：《毛主席给我们的一封信》，1982年5月，《丁玲全集》第10卷。

毛主席跟他说过：丁玲有进步，报上批评她的文章太厉害了，要支持帮助她，不要把她和王实味一样看待。丁玲心领神会，《田保霖》那篇文章写得并没有多好，毛主席是在鼓励她，为她恢复声誉，为她今后到工农兵中去开绿灯。

《田保霖》刚见报，边区合作社会议还没开完，博古社长就派人来，约丁玲写一篇介绍晋冀鲁豫解放区根据地的文章，这是纪念抗战七周年的稿子，也是她离开《解放日报》后博古唯一一次约稿。这个题目太大，那么多人物，那么多战役，那么复杂的军事斗争和政治斗争纠结在一起，而且丁玲大都不熟悉。她采访了在一二九师和晋冀鲁豫边区工作的蔡树藩、杨秀峰、陈赓、陈再道和陈锡联，得到许多材料，脑子里满满的，却不得要领，又去找一二九师师长刘伯承，他是晋冀鲁豫解放区创始人之一，不仅十分熟悉情况，而且高瞻远瞩把握全局。在刘伯承指导下，丁玲用整整一个星期写了《一二九师与晋冀鲁豫边区》。

丁玲写了《三日杂记》，写了一二九师，还想去写个工厂。边区政府建设厅的高自立厅长告诉她，陕北二十几个工厂，就数安塞难民纺织厂好。从1944年8月到10月，丁玲和陈明在难民纺织厂住了两个多月，搜集了工厂发展的全部材料，在马兰纸本子上做了大量笔记，打算写一部厂史。他们把这些笔记一直带到张家口，撤离时坚壁起来，以后找不到了。丁玲在安塞纺织厂写过一个袁广发，他原是作战勇猛的红军营长，负过七次伤，转到纺织厂以后当工人，是厂里技术最好的工人，升任棉织科长，是厂内第一根擎天柱，在边区劳动英雄和模范工作者大会上被评为边区特等劳动英雄。

1944年10月中旬，丁玲和陈明从安塞难民纺织厂回到延安。延安正在召开边区文教卫生模范工作者代表大会，经柯仲平推荐，丁玲去会上采访了李卜。李卜原来是个民间艺人，做过眉户戏班的班主，曾经抽大烟，流落街头卖唱，后来参加了民众剧团，教唱腔做功，提高了剧团的演出水平，他自己也发生深刻变化，成为"革命的群众艺术家"。丁玲写了《民间艺人李卜》，发表在《解放日报》上。

有了新的题材新的人物，还要有新的形式新的文风。丁玲开始考虑"用什么形式"来写工农兵，怎样写他们才喜欢？她练习寻找一种新的写作风格。丁玲初登文坛开始写作时，"作品是很欧化的，有很多欧化的句子。当时我们读了一些翻译小说，许多翻译作品的文字很别扭，原作的文字、语言真正美的东西传达不出来，只把表面的一些形式介绍过来了"[1]。欧化

---

[1] 丁玲：《和湖南青年作者谈创作》，1982年11月，《丁玲全集》第8卷。

的特点，一是长句子多，倒装句多，二是侧重心理分析心理描写，不愿写对话，写动作。直到这时，丁玲才真正对秋白同志所反对过的欧化形式起了根本的怀疑。

丁玲来到陕北以后，一直在努力改变写作风格，写得质朴通俗，现在方向更加明确。她要把"欧化"变为"大众化"，用明快简短的句子，写具体实在、与老百姓直接相关的故事。为了把人物写生动，让他们一出场就能抓住读者，丁玲煞费苦心。她写《袁广发》时，为了写好开头人物出场，在屋子里走了三天三夜，后来写《李卜》时就好多了，笔调轻松，也快了些。丁玲说："在写了这几篇之后，我对于写短文，由不十分有兴趣到十分感兴趣了。我已经不单是为完成任务而写作了，而是带着对人物对生活都有了浓厚的感情，同时我已经有意识的在写这种短文时练习我的文字和风格了。"[1] 她定了一个目标：要写十个人物，写得精练，有味道，每个人的身份和故事都不一样，出场也不一样，为今后写长篇打基础。

1950年，丁玲在《〈陕北风光〉校后感》中，把她在文艺座谈会之后写的《三日杂记》《袁广发》《民间艺人李卜》《田保霖》等几篇短文，称为"新的开端"，说"这是我读了毛主席

---

[1] 丁玲：《〈陕北风光〉校后感》，1950年5月，《丁玲全集》第9卷。

《在延安文艺座谈会上的讲话》以后有意识地去实践的开端。不管这里面文章写的好或坏,这个开端对于我个人是有意义的"。

在边区文协那段日子,是经过了疾风暴雨的整风和审干之后,丁玲、陈明两个人平静安适的一段日子。陈明回忆说:"丁玲专心致志于创作,每天晚上都写得很晚。我也看书、写作。晚饭时我们多打些小米饭,吃剩下的留作夜点。山下边区政府大礼堂的晚会散场,人声熙攘,这时我们就开始吃宵夜。在剩饭里加点水,放到炉子上热一热。坛子里有我们自制的泡菜,吃点小米饭和泡菜,又继续工作。没有钟表,也搞不清楚准确的就寝时间。除了开会,时间都是由我们自由支配。丁玲从西战团回来后,把马匹交公了,所以我们上山下山都是步行。那时丁玲一直有个公务员,每月上级发给我们每人四块大洋的津贴。我们自己在院子里喂鸡,也种了西红柿等一些蔬菜。星期六、星期天有朋友来访,去买一斤肉,就能配上好几个菜,肉皮烧汤,好的部位烧回锅肉,其他的就放到别的菜里面。……那时的生活比较自由安闲,没有什么人具体管你,自己管自己,按当时延安流行的说法:天塌下来有毛主席,地陷进去有管理员,只要有饭吃就行。"[1]

---

[1] 陈明:《我与丁玲五十年——陈明回忆录》,中国大百科全书出版社 2010 年 1 月出版。

第三章
晋察冀：孕育两部长篇

丁玲1947年3月在阜平县抬头湾村

一 《太阳照在桑干河上》

1945年8月15日下午,丁玲夫妇、柯仲平夫妇、张寒晖、柯蓝等聚在一起喝酒,吃完喝完,余兴未尽,又拥到丁玲窑洞里唱京戏。忽然外面锣鼓声呼喊声鞭炮声响成一片,跑出来一看,只见往日黑漆漆的那些山上,东一把火,西一片火,新市场和边区政府门前,人流东一股西一股涌了出来,高声大喊着:"日本投降了!日本投降了!"丁玲和大家一起往山下跑去,汇入狂欢的人流中。

9月初,党中央派出几批干部团去东北。丁玲、陈明、杨朔也计划组织延安文艺通讯团去东北,一路走一路采访,写通讯报道,寄给《解放日报》发表。丁玲请示中央办公厅和中央组织部,得到批准。行前,丁玲去向任弼时、陈琮英夫妇辞行。在党中央几位主要领导里边,丁玲跟任弼时最为亲近,有时去杨家岭开会,散了会就到任弼时家里吃饭,有时在别的首长家开完会要吃饭了,她还是跑到任弼时家,陈琮英给她做湖南菜,大头菜蒸肉。

任弼时夫妇留她多住几天,特意安排了一间客房,找了一张弹簧床。丁玲一夜睡不踏实,第二天起来说,还是睡木板床好。她只住了一夜,临走时和任弼时说:"我脑子里一直还有一个疙瘩,想起来就觉得别扭,就是关于我的历史审查问题。1940年你找我谈过,后来中央组织部陈云同志和李富春同志给我做了结论。可是在党校审干时又把我'抢救'了一下,没有做结论,也没有甄别,这样不明不白,到底该怎么办?"任弼时说:"你放心地走吧,到前方大胆工作吧!党相信你。不会有什么问题,我们都知道的。"

1945年10月11日,八路军总司令部给丁玲一行开具了"军用证明书",要求"沿途驻军既地方武装,予以便利"。10月16日博古给各地新华分支社负责同志发去电文:"丁玲同志组织作家访问团到前方各地写稿,他们的稿子,短小精彩的请帮忙用电拍发,长的请帮忙寄来。特为介绍,盼予便利。"10月17日中共中央书记处办公厅开具介绍信:"中央决定由丁玲、杨朔、陈明、欧阳山、虞迅、邵子南等同志组织一文艺通讯团,这次出发者有丁玲、杨朔、陈明三同志,其余三人随后跟进。他们道经晋绥、晋察冀、冀热辽,去东北。沿途所经各地,采集战争和建设事绩,写成报道文章,供前后方报章发表。该团以丁玲同志为主任,希各地党的负责同志给予工作帮助和党的领导。当他们经过各地区时,并负责供给全部经费(由该团作出定期的预决算）。各地新华社亦请准予代发稿件。"

10月中旬，丁玲与杨朔、陈明，带着祖林、祖慧和公务员张来福，从延安出发了。丁玲1936年11月到保安，1945年10月离延安，在陕北苏区度过了十个年头，1950年6月她为新华书店出版《陕北风光》写了一篇《校后感》，可以作为她对陕北生活的一个总结：

> "陕北"这个名称在我生活中已经成为过去了。我想也许还有去的机会，也许就只能在记忆中生许多留恋和感慨。但陕北在我的一生却占有很大的意义！在陕北我曾经经历过很多的自我战斗的痛苦，我在这里开始认识自己，正视自己，纠正自己，改造自己。这种经历不是用简单的几句话可以说清楚的。我在这里又曾获得最大的愉快。我觉得我完全是从无知到有些明白，从一些感想性到稍稍有了些理论，从不稳到安定，从脆弱到刚强，从沉重到轻松……走过来的这一条路，不是容易的，我以为凡走过同样道路的人是懂得这条路的崎岖和平坦的，但每个人却还是有他自己的心得。

他们从延安出发，经绥德、米脂，在佳县渡黄河进入山西，11月7日抵达兴县。这里是晋绥边区首府和中共中央晋绥分局所在地，分局秘书长周文是老朋友，他们休整了一个星期。丁玲写了《介绍一个俘虏学习队》《阎日合流种种》，分别登载于12月18日《解放日报》和12月8日《晋察冀日报》。这一路上，她只写了这两篇稿子。

年底他们到张家口，等待晋察冀中央局安排去东北。但很快内战爆发，国民党军队大肆进攻热河、绥远、冀东等解放区，去东北的交通中断，他们只得暂留张家口。丁玲一家住在东山坡的《晋察冀日报》宿舍，与萧三为邻。

1946年1月，丁玲与陈明和华北联大的逯斐，去张家口东南60里的宣化，到森下瓦窑厂采访，住了一个多月，回到张家口写了三幕话剧《望乡台畔》，1949年12月由大众书店出版单行本时，改题为《窑工》。3月，成仿吾主编的大型文艺刊物《北方文化》创刊，邀请丁玲任编委。4月成立全国文艺协会张家口分会，丁玲被推举为常务理事，兼任编辑出版部部长。5月，《晋察冀日报》社长邓拓邀丁玲主编文艺副刊。7月，全国文协张家口分会创办期刊《长城》，丁玲出任主编。这时，晋察冀解放区的土地制度改革运动开始了。

1946年5月4日，中共中央发出《关于土地问题的指示》(即《五四指示》)，将党在抗战时期实行的削弱封建的减租减息政策，改变为消灭封建实行"耕者有其田"的政策。《五四指示》指出："解决解放区的土地问题是我党目前最基本的历史任务，是目前一切工作的最基本的环节。"[1]

---

[1] 中共中央党史研究室：《中国共产党历史大事记》，人民出版社1991年9月出版。

丁玲敏锐感觉到，这是我党土地政策的重大转变，是改变农民命运的大事，这将是一场翻天覆地的变革！她跟陈明商量：我们去参加土改吧！7月，他们把11岁的祖慧寄放在边区妇联主任李宝光家里，参加晋察冀中央局组织的土改工作队下乡去了。

他们先在怀来县的辛庄待了两个星期，然后转到怀来县东八里村，这时，丁玲产生了写一部小说的想法。她根据二十几天的所见所闻，脑子里产生了几个人物雏形，一个是小说里的黑妮，一个是顾涌，一个是钱文贵。

他们参加土改的第三个村子是涿鹿县温泉屯，这个村子在桑干河畔，盛产葡萄。陈明在《我与丁玲五十年——陈明回忆录》里说："这个村子的土改是由我们做主，所以在这里呆的时间比前两个村子要长些。"丁玲《太阳照在桑干河上》小说中故事的发生地暖水屯，就以此地为原型。他们在温泉屯住了18天，一直到土改结束。丁玲运用在延安练出来的跟老百姓聊天的本事，了解到大量人物和故事，而这些新的人物新的故事，又把她脑子里原来储存的那些陕北的人物和故事激活了，这些新人物便似曾相识了，"于是我不能安宁了，我不能睡，我吃不好"，"许多人许多人纷至沓来，拥挤盘踞在我脑中","他们带给我兴奋、紧张、不安定,好像很不舒服,但我感到幸福。我在他们的宇宙里生活着,编织着想象的云彩,我盼望着劳动,我向我自己说:'动起手来吧,不要等了!'"。[1]现在丁玲想用故事来烘托人物,而不是用心理分析来写人物了,这是她自1944年起一直的练习、尝试和追求。

9月中旬,国民党军队从南口、怀柔和集宁、丰镇两个方向,向张家口进逼,平绥线战事吃紧,边区机关开始撤离张家口。丁玲和陈明从温泉屯回到张家口,边区政府民政厅厅长柯庆施着急地说:"你们赶紧搭乘送陈瑾昆教授的汽车撤离,只有这最后一辆卡车了!"丁玲、陈明带着蒋祖慧和张来福,跟萧三夫妇一起,搭乘汽车一路向南,到了山西境内的灵丘,然后步行去河北阜平。蒋祖林在晋察冀边区工业专门学校上学,这所学校是延安自然科学院和张家口一所工科专门学校合并而成,他跟着学校撤退到建屏县柏岭村去了。

从灵丘去阜平,是太行山的南段,十分难走,翻过"南天门",涉过唐河,一百八十里路走了四天。在一路向南的途中,丁玲脑子里全是怀来、涿鹿两县,特别是温泉屯土改中活动着的人们。10月初他们抵达阜平县红土山村,这里是晋察冀边区,

---

[1] 丁玲:《一点经验》,1955年1月,《丁玲全集》第7卷。

丁玲说，《太阳照在桑干河上》已经构成了，现在需要的只是一张桌子、一沓纸、一支笔了。

一安顿下来，丁玲就动笔了。她回忆说："那年冬天，我腰痛很厉害。原来一天能走六七十里，这时去区党委二里来地走来都有困难。夜晚没有热水袋敷在腰间就不能入睡。白天我把火炉砌得高一些，能把腰贴在炉壁上烫着。我从来没有以此为苦。因为那时我总是想着毛主席，想着这本书是为他写的，我不愿辜负他对我的希望和鼓励。那时我总想着有一天我要把这本书呈献给毛主席看的。……我那时每每腰痛得支持不住，而还伏在桌上一个字一个字地写下去，像火线上的战士，喊着他的名字冲锋前进那样，就是为着报答他老人家，为着书中所写的那些人而坚持下去的。"[1]

她写得很顺，1947年2月24日给祖林写信说："我的长篇小说已经写了十万字了。大约还要写十万字，至少还须三个月"。最后成书的《太阳照在桑干河上》二十一万字，据此计算，那时已写了近半。不久，他们搬到离晋察冀中央局较近的抬头湾村。

这时陈明听说晋察冀军区主力部队准备在正太路发动反

---

[1] 丁玲：《〈太阳照在桑干河上〉重印前言》，1979年5月，《丁玲全集》第9卷。

攻,他想,大概是要打石家庄了。他把抬头湾的生活安排好,就去晋察冀军区野战军第四纵队体验生活,搜集素材。这次分别有两个多月,是丁玲和陈明第一个书信往来高峰期,他们既倾诉衷肠又互相鼓励,期盼各自都带着新的成绩重逢。

陈明在部队,祖林、祖慧住在学校,萧三一家搬去城南庄。抬头湾宁静了,宁静让丁玲少了干扰,也让她感到寂寞,"寂寞有时是好的,这就是说安静。但真正太寂寞了是不好的","我写文章的时候是怕寂寞的,生活中没有了伯夏就像无主似的,情绪如何能够集中呢"?丁玲写作慢下来了,"文章一写得慢,就不那么自满了。最近又在修改前边的,我的雄心是两个月后写完"[1]。

1947年6月,陈明回到抬头湾,他要给丁玲创造一个更好的写作环境,调换了一处幽静的大房子。丁玲有一张小桌子、一盏小油灯,偶尔可以点蜡烛,写累了就和陈明下跳棋,用黄豆和黑豆当棋子。每人每天供给标准是一斤六两小米,吃不完就拿到集市上换大米白面。陈明安排伙食,早餐麦片粥,中午白米饭,晚上是小米粥,捡些碎煤回来,把省下的柴火钱买点肉、蛋改善生活。来往的朋友主要是《时代青年》的康濯、吴

---

[1] 丁玲1947年4月27日致逯斐信,《丁玲全集》第12卷。

小武（即萧也牧）等。康濯找丁玲要稿子，丁玲选了《果树园里》一章给他，1947年5月15日发表在《时代青年》上，这是《太阳照在桑干河上》第一次露面。这段日子是丁玲、陈明继1944年延安边区文协之后，第二个安定写作的时期。

从1947年6月到9月，丁玲又写了三个半月，送走了整个夏天。这部小说原计划分三个阶段写，第一段是斗争，第二段是分地，第三段是参军，这时丁玲只用较大的力量写完了第一阶段，闹斗争这一部分。她想找个人看看，提些意见，这个人应该又是内行，又对书的出版有帮助，第一个就想到周扬，他是文艺理论家，又是晋察冀中央局宣传部部长，掌管着华北解放区出版大权。除了陈明，周扬是这部书稿的第一个读者。

1947年7月至9月，中央工委在河北省建屏县西柏坡村（建屏县1958年并入平山县）召开全国土地会议，通过了《中国土地法大纲》，经毛泽东修改后10月10日公布。10月初，丁玲在阜平县广安镇参加晋察冀中央局召开的土地会议，听传达全国土地会议，学习《中国土地法大纲》。彭真在一次讲话中，批评"有些作家有'地富'思想，他就看到农民家里怎么脏，地主家里女孩子很漂亮，就会同情地主、富农"，丁玲"觉得每句话都冲着我"，因为"我写的农民家里是很脏，地主家里的女孩子像黑妮就很漂亮，而顾涌又是个'富农'，我写他还不是同情'地富'"？[1]后来萧三告诉丁玲，蔡树藩同志问他：丁玲怎么搞的，搞了一阵土改，写了一本同情地主富农的书？萧三问如何知道的，他说是周扬在土地会议主席团院子里说的。蔡树藩是晋察冀军区政治部副主任，丁玲写《一二九师与晋冀鲁豫边区》时曾经采访过他。

丁玲听了这些话，心里很不愉快，觉得周扬并未同她说过这个意见。《桑干河上》还没写完，已经写完的部分也不能说同情地主，他为什么向许多负责同志这样说，却不直接同自己说呢？丁玲没有想到，她所信任的周扬同志，以这样一种既不坦诚又不友好的态度对待她的小说，这不是给下一步的写作和日后出版设置障碍吗？1948年5月，丁玲去石家庄见到柯仲平，他正在晋察冀宣传部部长周扬领导下编辑人民文艺丛书，他告诉丁玲，他看了几百篇解放区的作品，但是没有看到《桑干河上》，周扬说过这书不能出版。

丁玲想，既然小说有问题，那就再去参加土改，丰富生活，修改自己的小说。1947年11月土地会议一结束，她就同华北联合大学文艺学院的师生去了获鹿县宋村。这一次，她担任工作组长，负责五个村的土改工作。这一段经历对于丁玲很重要，她前一年在辛庄和温泉屯只是了解材料，大部分时间是旁观

---

[1] 丁玲：《生活、思想与人物》，1955年3月，《丁玲全集》第7卷。

者,这一次是参加具体工作。宋村位于石家庄东南,是区公所所在地,有四百二十二户人家,二十一户地主,两千多口人,近六千亩土地,丁玲住了四个月。工作很紧张,生活很差,"吃的就是谷米饼子,不是小米,也不是玉茭,就是小米连壳一道碾的,刚去的时候,我们年青的学生哪,说老实话,都咽不下去。一吃到嘴里就散了,就满嘴巴都是粉了"。但是"这次参加土改收获比较大",是"从头到尾,搞得比较细致一点,半年以后,我有点不想离开了,我想在那个村子当村长或者当个支部书记,比写文章有兴趣了"。[1]

丁玲工作做得很深入,走张家,进李家,与老百姓同吃同住,分浮财时,谁家有几口人,有多少地,有多少房子,质量怎么样,她都一清二楚,能做到公平合理,所以她在宋村人缘很好,威信很高。陈明从石家庄去看她,她让陈明去饭馆吃两毛钱一碗的烩面,她自己仍旧跟工作组的同志一起吃。

丁玲打算结束在宋村的土改工作后,把《桑干河上》修改一下,还想写个新的长篇小说,1948年4月18日给祖林写信说:"这几年我东奔西走,常常下乡,生活较苦,心也不闲,但对于创作兴趣更浓,一生能写点,觉得才不惭愧呢。"

---

[1] 丁玲:《与美籍华裔女作家於梨华的谈话》,1979年8月,《丁玲全集》第8卷。

但是一项新工作打乱了她的计划。4月29日邓颖超致信丁玲，说国际民主妇联第二次代表大会9月在欧洲举行，中国解放区可组织十人的代表团去出席，代表人选正在考虑选定中，问丁玲"有无远行之意？更不知你的身体是否便于长途跋涉"？丁玲当然愿意出国去见见世面，但是小说尚未煞尾，不知如何是好。5月18日邓颖超又写信，要孙维世带给丁玲："我已向负责机关提出你为代表人选之一，他们都同意。大家觉得你可不要受未完成的长篇所限制，可以带到那边去写。因为开会时间是九月，代表至迟八月初须到达哈市，那么在此间至迟六月中就要动身"，落款署名"小超"。

丁玲用一个多月时间，对《太阳照在桑干河上》前54章做了修改和补充，把黑妮由地主钱文贵的女儿改为侄女，同时写完最后四章。她在为小说写的序言中说："国际妇女会召开在即，行期匆促，因为相距遥远，路途艰难，我不得不把这一工作匆匆告一结束。"

1948年6月14日，丁玲去中央妇委所在地建屏县西柏坡村报到。坐了一天汽车，晚上抵达中央华北局所在地阜平县城南庄，见到华北局宣传部部长周扬。晚饭后周扬邀她去村边散步，遇见邓拓，只打了一个招呼，寒暄了几句，丁玲知道周扬找她有话谈。她告诉周扬，她的小说写完了，接受了他的意见，把黑妮改写了，希望能批准出版。但是周扬对小说不置一词,他要跟她谈工作,希望丁玲到华北局来负责文艺工作委员会。周扬的态度很诚恳,说文艺工作委员会除了要领导文协的刊物,还有一个八十余人的剧团,是管弦乐队和文工团合并起来的,贺绿汀希望丁玲去兼团长。周扬说,这摊工作除了你就没有合适人搞。

第二天大车又颠簸了一天,晚上一到西柏坡村,丁玲就见到了毛主席。她给陈明写信详细报告喜讯:乘汽车从东柏坡去西柏坡时,"对面来了汽车,我下车来走,我看见两个穿黄衣的走来,呵!是谁呢?我认出来了,是主席,他也看见我了,对我在笑,我赶忙跑过去,主席说:'呵!好得很,看见你,几年没有见面了!'江青也走过来。主席很胖,身体很好的样子。江青也还同以前一样,或者稍微老一些。主席即要我和他坐汽车一道散步去,汽车上同去的有十几个小娃娃,他们女儿和别的人的儿女们,半路上又上来了傅钟夫妇和他们的儿女,挤满一汽车。主席告诉我收到了前年我给他的信,他说我已经到了农村,找到了'母亲',写'母亲',我了解土地,他问我的作品,并且答应我读我的原稿。后来我们在野外坐下来又谈开了。主席两次重复着对我说:'历史是几十年来看的,不是几年来看的,要几十年才能看出一个人是发展,是停止,是倒退,是好,是坏。'我明白他的意思,他是多么的在鼓励着我呵!

他还怕我不明了,第三次在他院子里坐时又重复了这句话。并且拿鲁迅做例子。他并且说我是同人民有结合的,我是以作家去参加世界妇女大会的,我是代表,代表中国人民。陈学昭也去,却只能做随员,因为她没有做工作,不懂得中国人民,不能做代表。他又问了我搞土改的情形,还问了你,并且说我已经在农村十二年,可以够了,以后要转向城市,要转向工业,要学习工业,要写工业,写城市建设。我们天快黑时,又坐汽车到他的家,在他们家里吃晚饭。他又同我说我的名字是列在鲁、茅、郭一等的。我说我没有成绩。……吃过了饭,江青就陪我去找小超。伯夏呵!你看我多幸福呵!我第一个就做了他的客人,就听了他给我这样多的鼓励,想着柯仲平为看见不到他而喝醉了酒骂人,我是多么的有了运气,我并且同他约好,以后我要找他时,就在他散步时来。他也高兴的答应了"[1]。

当晚,丁玲去看周恩来和邓颖超,"小超当然很亲热,谈了一会,周才送了别的客人来看我,因为时间已晚,他们就送我回住处来,从他们院子中我就同周谈我文章的内容,一直谈到家。因为他要我谈的。他问我,我觉得同他们什么话都可以谈,就像同家人一样"[2]。

---

[1] 丁玲1948年6月16日致陈明信,《丁玲全集》第11卷。
[2] 同上。

第二天，丁玲又去找中央宣传部副部长胡乔木谈她的小说。江青来看她，也说要读她的小说。丁玲后来回忆说："我同乔木同志谈，说组织上派我出国，我的身份是作家，旁人要问我写了什么，我怎么好说什么也没有写呢？因此很想这本书请中央审查，看看是否可以出版。乔木同志说他没有时间看，决定要艾思奇同志看。艾思奇同志看了，汇报了，说可以出版。乔木同志在我临行前告诉我艾思奇的意见，并说，要出版，总得在华北出版，既然周扬同志不同意，我们就不好做决定，还得同他商量，你尽管先走，有了决定就打电报给你。你就在东北先出版也可以。"[1]

6月23日，丁玲得到两个消息。先是陈伯达来告诉她，艾思奇在21、22日两天把书稿看完了，觉得里面有些场面写得很好，尤其是斗争大会，认为可以出版。但是下午胡乔木送来一张条子，"仍只说俟看后出版"。6月24日下午，中国解放区妇女代表团的关内代表一行五人，由张琴秋带队，启程去哈尔滨。丁玲一路上都惦记着《桑干河上》，7月1日在临朐致信陈明说："我的书问问乔木。"陈明那时在石家庄，委托萧三打听消息。萧三7月13日给陈明回信说：丁玲的小说，江青、

---

[1] 丁玲：《一九四九至一九五二年我对周扬同志工作上曾有过的意见》，未刊稿。

艾思奇邀我参加意见，我又从头至尾在一天半内看过一遍，然后开了个"三人小组会议"，并联名写了几条意见，交给中宣部，请求出版。开三人会议的时候，老板在场，陈夫子也在场。

7月17日，丁玲到了大连，接到胡乔木打来的电报，同意书稿出版。8月，《太阳照在桑干河上》由光华书店印制发行了一千五百册布面精装本，9月又印造了五千册平装本，丁玲带着她的书去了匈牙利和苏联。

二　三访东欧

丁玲一行从西柏坡启程时，辽沈战役即将打响，所以她们不能直奔山海关，而是向东南奔向胶东半岛，从荣成湾的俚岛渡海到大连，再乘轮船绕行朝鲜，经朝鲜新义州进入安东（即今丹东），7月31日晚抵达哈尔滨，走了一个多月。

丁玲住在南岗奉天街东北局妇委，与李富春、蔡畅夫妇为邻，蔡畅是妇女代表团团长。蒋祖林正在哈尔滨工业大学学习，周末，妈妈常带他去龙江街的东北局高干俱乐部，见到陈云、林彪、罗荣桓、高岗等领导同志，西北战地服务团的王玉清给陈云做秘书。丁玲带着祖林，租船去太阳岛看望周立波、林蓝夫妇，《暴风骤雨》上卷已经于4月出版，周立波住在那里写下卷。10月29日，东北文协主办、周立波主编的《文学战线》召开了一次《太阳照在桑干河上》座谈会。在1951年度斯大林文艺奖金评选中，《太阳照在桑干河上》获二等奖，《暴风骤雨》获三等奖。

由于妇女大会延期，丁玲在哈尔滨住了三个月，她本想写几篇文章，或是到一个工厂去住两个月，但都没有实现，大部分时间花在出国的准备上,写小册子,搞材料,开会,练习外语,买箱子,买服装皮鞋等。在西柏坡时毛泽东曾希望丁玲以后转向城市,转向工业,写工业,写城市建设。丁玲9月19日致胡乔木、周扬的信里,提出想要留在东北写作的计划:"我觉得明年回国后花些时间写文章去住工厂都好,不愿意长途跋涉,因此就懒得回来了。"10月底她给陈明写信,建议他"到鞍山工厂去,或者别的地方,到一个大工厂,完全做工作,半

丁玲1949年11月在莫斯科

年，然后住在那里搜集材料，语言，以及创作"。11月初又致信陈明说："东北是个工业区，我的意见既来了就安心搞一时期，我打算写森林煤矿。但也不脱离文艺圈子，鞍山有钢铁，将来也许要去，所以我希望你也安心搞一年半到两年。"她在留给陈明的木箱里放了一本《太阳照在桑干河上》精装本，扉页上写着："留给陈明，因为你给我许多帮助，使我这本书写的比较少一些错误和缺点，而且当我写作的时候，不致为外界所影响我的情绪，我是应该感谢你的。"

以蔡畅为团长，张琴秋、丁玲、陆璀、区梦觉、乌兰、李蓝丁、吴清等11人为团员的中国解放区妇女代表团，1948年11月9日晚从哈尔滨乘火车启程，去匈牙利首都布达佩斯，出席国际民主妇联第二次代表大会。

她们过满洲里之后，换乘苏联的火车，11月13日到赤塔，住了两天，15日乘坐飞机，经伊尔库茨克、斯维尔德洛夫斯克，18日晚飞抵莫斯科。代表团一路上管理很严，不许独自活动，每天的活动是讨论报告，分工准备材料，读发言提纲，读小册子，听刘宁一介绍匈牙利情况。11月23日中午乘火车离开莫斯科，27日抵达匈牙利首都布达佩斯。丁玲第一次出国，对一切都感觉新鲜，她1923年在上海大学时就听瞿秋白讲过普希金托尔斯泰，更对苏联充满好奇感，本想一路上留心看，细心记，多交些朋友，了解异邦风情，写些印象记之类的东西。但代表团里只有她擅长写作，准备材料的任务便落在她头上，这项工作量很大，一些材料重复搞，她有些烦。

12月1日，国际民主妇联第二次代表大会在布达佩斯开幕。12月6日下午，大会通过《保卫和平宣言》后闭幕。大会改选国际民主妇联理事会，蔡畅当选为副主席，何香凝、邓颖超、李德全、陆璀当选为理事，丁玲、许广平、史良为候补理事。

回国途经莫斯科，12月25日下午，丁玲见到了苏联作家协会主席法捷耶夫，这是她此行最高兴的事情，最大的收获。莫斯科大学教员波兹涅耶娃·柳芭担任翻译，她已经翻译了《鲁迅杂感集》，后来又翻译了《太阳照在桑干河上》。

法捷耶夫曾经在苏联远东地区打游击，到过海参崴，他的《毁灭》《青年近卫军》在中国有众多读者。丁玲介绍了我们党在战争时期所采取的文艺组织形式和工作方式，说中国国内的形势很快将有大变动，文艺工作也将产生新的组织和领导方式，希望了解苏联社会主义的一些组织及领导方法，以资借鉴。

法捷耶夫说，首先一定要组织中央的文艺工作机关，它是作家的团体。作家第一个任务是写作，通过作品去教育群众。作品要提高，就要批评，作家要互相批评，最重要的就是文学报纸，告诉读者谁好谁坏，什么叫好，什么叫坏。法捷耶夫还介绍了苏联的审查制度，"为了不将有毒素的书给读者，一切在戏院上演的剧本和出版的书籍都必须经过审查"。他送给丁玲一本水夫翻译的《青年近卫军》，丁玲也拿出《太阳照在桑干河上》回赠。苏方同志问到印数和稿费，丁玲说，中国解放区尚未建立版权制度，作家不保留版权，也不计较印数和稿费，甚至可能没有稿费。法捷耶夫告诉丁玲，苏联稿费分三等，由作家协会评定，作品转载也要付酬，剧院上演剧本要给作家付钱，因为这是他劳动的代价，是国家和人民给他的报酬。法捷耶夫讲的这些内容，对于中共新政权建立后的文艺领导体制极为重要，后来丁玲主持全国文协时，大都遵循采纳了。

1949年1月9日，代表团回到哈尔滨。丁玲很快就去了沈阳，陈明在沈阳皇姑屯铁路机车厂体验生活，准备写剧本。丁玲在新创办的东北鲁迅文艺学院住下，先写完参加国际民主妇联第二次代表大会的报告，和与法捷耶夫谈话的情况汇报，然后写访欧散文，第一篇是《记东方语言学校》，接着是《法捷耶夫同志告诉了我些什么》《儿童的天堂——保育院》。《东北日报》副总编严文井跟她说，不嫌稿多，可陆续发表。丁玲2月发了两篇，3月发了四篇。

3月25日丁玲接到通知，要她参加中国代表团，去巴黎出席世界拥护和平大会。丁玲和古元乘火车，3月30日早晨抵达哈尔滨，住在中央大街的马迭尔饭店。31日上午，郭沫若率领的代表团自北平抵哈，团员中有许多老朋友，久别重逢，十分热闹。4月1日上午在兆麟公园举行三万人的欢送大会，丁玲讲了话。下午四时代表团启程，火车走了整整十天抵达莫斯科。

这次出国，气氛轻松，心情愉快，丁玲也没有写材料和小册子的任务。她写信告诉陈明：刘宁一是副团长，钱俊瑞是秘书长，他们"都非常好，是好同志"。团员中有一些民主人士，"毛主席告诉我们要长期和他们合作，要合作得好，成为模范"。中国妇女第一次全国代表大会3月24日在北平召开，丁玲没有去参加，有人给她捎来会议纪念册，是一个好看的紫色布面本子，火车上，丁玲请一些团员在本子上题词，有马寅初、曹靖华、许德珩、张奚若、邓初民、郑振铎、裴文中、吴耀宗、翦伯赞、李德全、屈元、柯在铄、丁瓒、卢于道、侯外庐、戴爱莲、程砚秋、洪深、田汉、景宋（许广平）等，徐悲鸿则为丁玲画了一幅侧面头像速写。景宋的题词是："如果说：中国有'女'作家的话，我衷心只尊崇你，因为在我独个儿感到疲倦的时候，就想起你，和你的那篇名作《水》，愿丁玲继续为人民多说话。"田汉给她题了两节诗，其一写道："似曾相识蒋冰之，百战重逢鬓影丝。又为和平行万里，一天风雪入新诗。"

由于法国政府拒绝入境，中国等13个国家的200多名代表滞留布拉格。世界拥护和平大会主持人决定大会在巴黎和布拉格两地同时举行，4月20日开幕，25日结束，28日中国代表团乘飞机去莫斯科。

莫斯科的文学期刊《旗帜》，准备分三次连载由波兹涅耶娃·柳芭翻译的《太阳照在桑干河上》，听说丁玲来到莫斯科，邀请她来编辑部开了一个座谈会，同时解答一些问题。会上发言踊跃，问的直率，答的坦诚，时间一再延长。会议结束后，一位老太太抱住丁玲亲了又亲，连声夸赞："你答得非常好，他们很满意，很喜欢你，他们提出很多问题，有的含有批评成分，因为他们不是把你当一个中国作家，而是当一个自己人。"

半年后，丁玲接受了一项重要任务，率领中国代表团去苏联，参加十月革命32周年庆祝典礼。代表团共15人，副团长许之桢、吴晗，秘书长沙可夫，团员有许广平、赵树理、马思聪、白杨、龚普生等，10月26日晚乘火车离京，郭沫若、李立三、茅盾等和苏联驻华大使罗申、参赞齐赫文斯基等百余人到车站送行。代表团参加了在红场举行的纪念十月革命盛大检阅。丁玲还出席了国际民主妇女联合会理事会，报告了即将在北京举行的亚洲妇女代表会议的筹备工作。那时《太阳照在桑干河上》已经在苏联出版了单行本。11月16日，她再次应邀到

第三章 晋察冀：孕育两部长篇

1949年4月，在开往布拉格的火车上，徐悲鸿给丁玲画的速写

《旗帜》编辑部座谈。这次座谈会规格很高，波列伏依、巴甫连科、爱伦堡等有名的作家都来了。丁玲简短发言，既感谢他们对一个中国作家的爱，更要求给予批评，"奖励只有使我不安，而批评对我将是一种荣耀"。11月17日塔斯社电讯稿称：《太阳照在桑干河上》"在苏联读者中广受欢迎。文学批评家一致称誉丁玲天才而技巧地描写出中国数以百万计的劳动人民，怎样在以毛泽东为首的中国共产党领导之下觉醒过来，为新生活而斗争。作家科热夫尼科夫、波列伏依、巴甫连科和若干读者，在会上发言时都指出：《太阳照在桑干河上》是最近刊行的民主义学著作中最优秀的作品之一，这本真实而富感召力的小说有很高的艺术价值"。

三 进北京

1949年6月8日,丁玲到了北平,参加全国文代会筹备工作。抵京三天后,丁玲致信陈明说:"我觉得你留在东北写东西要比我来好得多,我来此后真是什么也没有做,而且热得要死!""见了老板一次,谈了些不重要的问题,也无特殊之事,他又在劝我读书,可是我实在不想进学校了。"老板,是毛泽东。

7月2日,中华全国文学艺术工作者代表大会在中南海怀仁堂开幕,7月9日,丁玲作了《从群众中来,到群众中去》的大会发言。会议开了两个多星期,19日闭幕,中华全国文学艺术界联合会成立,郭沫若任文联主席,丁玲当选为文联常委。接着,7月23日中华全国文学工作者协会(即全国文协)在中法大学大礼堂召开成立大会,丁玲任大会主席。8月2日《人民日报》报道:全国文协选出领导机构:主席茅盾,副主席丁玲、柯仲平。9月21日至30日,丁玲又出席中国人民政治协商会议第一届全体会议,当选为中国人民政治协商会议组织法草案整理委员会委员。会议通过中华人民共和国的国旗为五星红旗,象征中国革命人民大团结,丁玲与出席会议的文艺界代表在第一面五星红旗前合影。

10月1日，毛泽东主席在天安门城楼上宣布：中华人民共和国中央人民政府成立了。陈明的工作安排在中央电影局剧本创作所，他专程去湖南，接来丁玲的母亲。他们的家安在东总布胡同22号，文联、文协办公机关的后院。那是一个两进深的院子，前面是办公室和工作人员宿舍，后面的院子有一座二层小洋楼，尖脊飞檐的大屋顶，有木地板、卫生间，设施很好，丁玲与沙可夫、萧三等做邻居。

1949年9月，在中南海怀仁堂出席全国政协第一届全体会议的文化界代表，在第一面国旗下合影
左起：马思聪、胡风、丁玲、艾青、赵树理、田汉、蔡楚生

党信任丁玲，把文学界多项领导工作交给她。丁玲担任全国文协常务副主席，主持日常工作，1950年7月任文协党组组长，1951年秋天接替周扬出任中央宣传部文艺处处长。她还担任了《文艺报》主编、《人民文学》副主编、中央文学研究所主任。看那个时期丁玲的照片，眉宇间洋溢着乐观、开朗与自信，即便与周恩来、宋庆龄这些大人物在一起，她也显得自然大方，毫无拘谨扭捏。

1951年1月8日早晨，北京大雪纷飞，鼓楼东大街103号院子的朱红油漆大门前挂着两面很大的国旗，中央文学研究所在这里举行开学典礼，到会的有郭沫若、茅盾、周扬、沙可夫、李伯钊等几十位研究员和来宾。丁玲介绍了研究所创办的经过、现状和今后学习的步骤。研究所有60名学员，每人一间宿舍，有一张床、一张书桌、一个书架、一个火炉。

办文学研究所的想法，最初是田间、康濯、马烽等提出来的。文代会之后，他们留在文协机关组成创作部，专门从事创作，部长赵树理忙于筹备曲艺研究会，副部长田间管事。这几个人都是从晋察冀和晋绥解放区来的，过去战争时期没有条件读书，现在想系统地好好学习，提高文学素养，他们向主持文协工作的丁玲反映，希望成立一个机构。

丁玲很理解他们的心情，她在莫斯科参观过高尔基文学院，很羡慕苏联有那么一个培养作家的学校，就让他们提出计划。康濯理了一个计划，叫"鲁迅文艺学园"，人数不多，有一二十个作家。丁玲把计划拿到文联党组讨论后，又上报政务院文教委员会，文教委员会主任郭沫若改了个名字，叫中央文学研究所。

1950年6月，中央文学研究所筹备委员会成立，由丁玲、张天翼、沙可夫、李伯钊、田间、康濯、陈企霞等12人组成，丁玲为主任委员，张天翼为副主任委员。7月6日筹委会举行第一次会议，通过了筹办计划草案和关于研究人员名额分配的决议，并组成行政、研究人员调集和教学计划大纲三个小组。12月8日，中央人民政府政务院第61次政务会议通过任免名单，任命丁玲为中央文学研究所主任，张天翼为副主任。

马烽是文学研究所党支部书记，他回忆说：文学研究所白手起家，困难重重，每逢遇到难以解决的问题，我们就直接找丁玲同志。她不管多忙，总是热情接待，有时打电话，有时写信，有时亲自出马去办交涉。有时候她也发几句牢骚，嫌这些事情棘手，太忙，太累，发誓不管了，可是过不了几天，她又找我们了解情况，然后又去四处奔波，八方求援。她一心想为解放区这一批土生土长的青年作家尽可能创造一个良好的学习环境，使他们在文学创作上能够有所提高，有所突破。

徐刚回忆说，丁玲交涉了开办经费，用二百匹布和若干斤小米买下鼓楼东大街103号一处大院子。什刹海后海南沿北官坊还有一处房子，环境幽静，丁玲看了也很满意，说学员要看书写东西，住得应当宽松些，一个房间最多不要超过两个人，这两处房子相距不远，最好都能买下。马烽说经费不够，丁玲说可以向文化部要求再拨一点，马烽说已经碰过钉子了。丁玲第二天亲自出马，又要来一些购房款，终于买下了。

文研所学员回忆："那时讲课的全是中国文坛上的顶级大师，从郭沫若、茅盾到老舍、曹禺，都是丁玲老师亲自请来的，没有一分一文的报酬，用一辆旧美国吉普把大师接来，讲完再送回家吃饭就算是优待了。"聂绀弩"把《水浒》讲活了"，"周扬给我们讲文艺理论课，人长得白白净净，风度潇洒，能大段大段地背诵马恩列斯和别林斯基的理论著作，把我们震得目瞪口呆"。[1] 讲授古代、现代文学史的是郑振铎、李何林，讲授古典文学的是游国恩、余冠英，讲授外国文学的是曹靖华、冯至，讲授美学的是蔡仪、黄药眠。此外还邀请俞平伯、胡风、冯雪峰、周立波、赵树理等专家学者做专题讲座。"冯至和曹禺极具口才，一口京腔，畅如流水，堪称为一流演说家，……

---

[1] 孙肖平：《中国作家的摇篮》，《清明》2001年第5期。

孙家秀讲起莎士比亚要精彩得多，她大概是最受欢迎的一个。至于杨宪益，那简直没说的，不愧是第一流的大学者，他的讲话不须整理，照实记下来就是一篇高质量的学术论文。"[1]

丁玲的教学思路是，听课，读书，讨论，深入生活，写作。文艺理论单元结束后，安排一段时间深入生活，从部队来的去抗美援朝战场，农村来的回自己熟悉的农村根据地，一些知识分子去了鞍钢，时间约三个月，回来要交一篇小说或报告文学，没参加过土改的同学还参加工作团去了广西。

丁玲从主编《文艺报》的实践中懂得，繁荣创作不仅要培养一支创作队伍，还要有一支编辑队伍。文研所开课不久，在她倡导下，从北大、清华、辅仁等大学中文系的毕业生中，挑选了二十多位有志于文艺编辑的同学，调到文研所，编成第一期的二班，着重学习文艺方针路线和编辑业务。第一期学员学习两年半，1953年夏天毕业。第二期1953年秋季入学，1955年毕业。正规的科班学习只有这两期，后来就改成短训班。

文学研究所的行政管理班子很强：田间任秘书长，康濯任副秘书长，马烽任党支部书记，他们三个既是学员又是干部，既有能力又负责任，所以丁玲很省心。她不大管日常工作，讲

---

[1] 孙静轩：《那时，我们年轻》，鲁迅文学院编《文学的日子》，2000年10月。

课也不多，最喜欢与学员们聊天，谈作家，谈作品，谈创作。徐光耀说："我是在开学典礼会上第一次见到她的。我不大喜欢丁玲的作品。但是一听丁玲的讲话，哎呀！了不得！她讲话太好了！真挚、生动、热情洋溢，非常泼辣！能掏心窝子，充满对年轻人的火热的感情。"孙静轩回忆，丁玲"第一次走进教室时，我们都为之眼睛一亮，引起一阵轻微的骚动。她下身穿着一条黑色的笔挺笔挺的西裤，上身穿一件雪白雪白的衬衣，外面套了一件鲜红的毛衣，这在当时算是领导时装新潮流的装束了。四十多岁的人了，又经历过风风雨雨，脸上却没有一条皱纹，看上去，不过三十多岁，如果说身材不那么发胖的话，她应该算是一个漂亮的女性。丁玲善于言辞，讲起话来畅如流水，而且很有煽动性。听她讲话，给人的印象，她是性格刚毅果断很有魄力的女中强人，但却少了些女性的柔和。也许是她长期位于文坛之首，又是斯大林奖的得主，我们总觉得她被罩在一个巨大的光环里，使人难以亲近"。

丁玲读书多，悟性好，又有丰富的创作经验，她把这些糅在一起，讲课深入浅出，通俗生动。马烽回忆说：她讲课和别人不同，没有讲稿，也没有提纲，近乎聊天，不过大家都喜欢她这种"聊天授课法"。李纳回忆说："丁玲真是懂文学，懂创作，听她谈创作，分析作品，是一种享受，我们都入迷了。

我在延安鲁艺,最爱听周立波讲的名著选读课,在文学研究所,最爱听丁玲聊天,从聊天中学到的东西,比听许多教授学者讲课还多。"丁玲喜欢年轻人,喜欢聪明好学的人,喜欢跟他们聊天,把自己的读书和写作体会讲给他们,并尽量给他们提供一些与外国作家见面交往的机会。1951年10月2日,她在家里宴请苏联作家爱伦堡夫妇和智利诗人聂鲁达夫妇,叫了徐光耀、菡子、贺敬之等来参加。

学员苗得雨把丁玲有一次到学员宿舍的聊天谈话记录保存下来,发表在1998年8月21日天津《今晚报》上,他的同学邓友梅读后十分高兴,立刻写信,补充介绍了丁玲讲话的相关背景。当时讲课有一套程式:一、时代背景;二、作者生平;三、主题思想;四、故事结构;五、人物塑造……论述词汇也多是苏联式的套话,再生动的作品经这么一讲,也变成一篇政治图解,枯燥无味。学员读书,要求按课堂上那套程式解读,读完还要按"时代背景、作者生平……"这套规矩写论文,学员们把这些意见反映给丁玲,准备挨批评,没想到丁玲说:"有人读书,读了后就明白了这书的主题、构思、人物、场面。我这人不同,我不同意这种读书方法。""我们读书是教条的,按着几条去读,几条读出来了,证据是有了,但里边动人的地方倒忘了!""读书是一种享受。……享受很久了,在脑子里形成一种愉快的东西，有一天碰到一种思想，构成了一个主题，这些享受都活了。"邓友梅说："这些观点和主张，在那个时代是'另唱一个调子'。用现在话说有点新潮、前卫！我们这些年轻人听了又震惊又喜悦，耳目一新。我们再读书、写作就可理直气壮地改用我们赞同的方法。""在她晚年，不止一人说她保守，叫她'老左'，我们同学中就没有一人对此表示过同感，就因为我们了解她。因为我们看到的是思想解放、求真求实、热情坦直、快人快语的丁玲，我们看着她为此付出了过重的代价。"[1]

1951年5月，丁玲收到萧也牧的信："近来，我为了创作的事情，思想负担很重。几个月来，看了些书，也想了些问题，但有些问题，总还是看不准，想不透。今后怎么办？更是有点'渺茫'了。诸如一切，信里是写不明白的。在这个时候，我很想得到你的帮助，想找个时间和你谈一谈，看你有没有时间而定，早一点迟一点都可以。总之，我是想切实地把自己整顿一下，这样下去是决计不行的了！"落款小武，是萧也牧的名字，丁玲在抬头湾写《太阳照在桑干河上》时跟他就认识了，萧也牧帮她抄过稿子，还曾相约一起去采访。当时报刊上对萧

---

[1] 邓友梅：《难忘丁玲谈读书》，1998年9月18日《人民日报》。

也牧的小说《我们夫妇之间》展开批评，丁玲读了小说，感觉倾向不好，但有些批评文章言辞激烈，有点过分了，她也想写篇文章，谈谈看法。

解放初期颐和园空房子很多，公园管理不过来，便将一部分分配给文化部门用作休息、写作、疗养。全国文协分得两处，一处是云松巢，一处是邵窝殿，都在万寿山南麓，佛香阁西侧。云松巢是个大院子，有五间正房，依山面湖，视野开阔，1951年7月，最热的日子里，丁玲住在那里写这篇文章。一个星期天下午，忽然毛泽东来看望丁玲，原来他来颐和园划船，听说丁玲在这里写作，就过来坐坐，跟他一起来的还有罗瑞卿。毛主席的衬衫都湿透了，跟丁玲说：我现在不像在延安了，没有自由了，出来得向他（指罗瑞卿）请假。那天很热，陈明让公务员买来一个大西瓜，大家边吃边谈话。毛主席问起丁玲最近的工作，丁玲说了正在写的文章。毛主席即兴谈了知识分子改造的问题。时间不长，有人来报告说游船已安排好，毛主席便起身和丁玲握别，坐了不到半个小时。

丁玲写完《作为一种倾向来看——给萧也牧同志的一封信》，把萧也牧和康濯请到家里来，把这篇文章给他们看过，几个人边吃边谈，气氛很友好。

四　欢乐的多福巷

1951年春天,丁玲家搬到多福巷16号,一个坐北朝南的四合院,住房条件宽敞了许多。她热情好客,家里经常高朋满座。2002年9月我们采访丁玲当年的公务员夏更起,他告诉我们:常来的有罗烽白朗夫妇,严辰逯斐夫妇,诗人艾青等,他

丁玲与萧三在多福巷。左为蒋祖慧

们私交甚好，丁玲总要留饭。甘露也常带着两个孩子来，那时已同萧三离婚，每次都要呆很久，吃了饭才走。田间、康濯也来得勤，都是谈文学研究所的公事，谈完就走。文研所学员里，丁玲喜欢的徐光耀、李纳、陈登科、玛拉沁夫等来得多些。杨朔、马烽、刘白羽是半私交，半公事。周扬也常来，他和丁玲的关系看上去很好。江青也来过两三次，坐一辆红色小汽车，带着警卫员，很显眼，初次来，穿一套灰色列宁装，衣服很得体，人也很出众，有风度，给她倒茶，她还谢谢。第二次来是秋天，穿了一件大衣。每次呆的时间不长。丁玲自己说，桑干河畔涿鹿县来了人，"就住在我家里，我包饺子给他吃，为他倒茶、斟酒，陪他看戏，替他买火车票，使他一点不感到拘束或不方便"。[1]

他们的院子里种了两株西府海棠，春天开花时，很多朋友都来赏花，拍照。陈明买了照相机，迷上摄影，还在家里布置了条件很好的暗房，留下那个时期全家人的欢笑。蒋祖慧喜欢在小院里习武练功，她在中央戏剧学院跟崔承喜学习舞蹈。崔承喜是著名的朝鲜舞蹈家，也是祖慧的启蒙老师。1949年3月祖慧去平壤崔承喜舞踊研究所学习，1950年6月朝鲜战争爆发

---

[1] 丁玲：《谈谈写人物》，1957年，《丁玲全集》第7卷。

后回国，11月崔承喜也来到中国，在欧阳予倩院长支持下，中央戏剧学院成立了由崔承喜担任指导教师的舞蹈研究班。后来的北京舞蹈学院院长李正一、中芭导演王世琦、上海的舒巧，以及改了行的北昆演员李淑君、丛兆桓等，都是崔承喜的学生。

丁玲1949年12月就认识了崔承喜，崔承喜送她一张亲笔签名的剧照，那时亚洲妇女代表会议在北京召开，邀请崔承喜来演出。志愿军入朝作战后，中央电影局局长袁牧之想拍摄一部抗美援朝的影片，找到丁玲。丁玲写了电影短片文学剧本《战斗的人们》，描写平壤南下文艺工作团的文艺工作者，为朝鲜人民军和中国人民志愿军部队慰问演出并参加战斗的故事。队长贞娘"修眉大眼，是一个妩媚的有英雄气概的姑娘"，"全世界都知道她，到过苏联，到过中国"。这个角色丁玲想让崔承喜来扮演。片中还有一个十四五岁的少女小玉，在向三八线以北撤退过河时中弹牺牲，这个角色是写给崔承喜的女儿安圣姬的，她也是个很有天才的舞蹈演员。剧本中还有长鼓舞、剑舞和《金日成之舞》的表演。

丁玲1951年1月15日致信陈明说："前天波儿[1]来找了我，

---

[1] 陈波儿，时任中央电影局艺术处处长。

决定由她导演，冼群副导演，波儿的意思想把全剧都改为舞剧，就是舞加多，这样可以减少战地的外景。但这需要崔承喜的创造。我没有意见，由她们搞去吧。明天去找崔谈。看看如何？剧本已交《人民文学》了，因波儿说其它稿子都不太好。"可惜这个电影没有拍成。

1951年秋天，苏联作家爱伦堡夫妇和智利作家聂鲁达夫妇来华访问，丁玲遵照周总理指示陪他们去上海、杭州参观，并在多福巷设家宴款待。陈明回忆那次家宴说，拿了一张乒乓球台做桌面，屋子显得很拥挤，厨师老关做了田鸡腿、核桃酪等菜肴点心，客人说这是在北京吃得最好的一顿饭。作陪的人有逯斐、葛琴、甘露、贺敬之、徐光耀、李季、菡子等。

大约在1954年以后，丁玲在一次作协机关大会上宣布不领工资，靠稿费生活，连公务员的工资也是她出，夏更起后来回到机关，连自己的工资标准都不知道。丁玲稿费很多，乐于助人，出手大方。陈企霞需要钱，她派人送去二百元，舒群生病、买书，丁玲前后送他三百元，严文井去音乐堂开大会未穿大衣，丁玲就给了他一件皮大衣。文学研究所学员沈季平的母亲生病，丁玲拿了二十元叫他寄给母亲。即便素不相识的人求助，丁玲也乐于解囊。合肥一中的学生刘国是，四口三代之家遇到严重经济困难，1953年给丁玲写信求助，丁玲让秘书张凤珠汇去20元钱。1985年刘国是借来京出差之机，致信中国作协书记处，希望能"见见丁老，让我了却三十年来的心愿"。丁玲让秘书回信说："资助钱一事已是过去的事，不必言谢，更不需归还。"

浙江作家方令孺身体不好，丁玲安排她带着女儿去北戴河疗养，并特意安排住一个宽敞的大房间，方令孺很觉过意不去。1950年代初与丁玲通信最多的当数陈学昭，她个人生活不顺利，陷入人际纠纷便顾虑重重心情郁闷，常常写信向丁玲诉说，认为丁玲"是一个厚道的同志，不挖苦不打击人，而且敢于挺身而出"。丁玲在工作安排、创作和生活上都尽力给予关照，得知陈学昭来京的消息特意把她接来家里住，路经杭州时专门去看望她。天津的孙犁性格内向，不喜交际，埋头写作，《风云初记》一集出版后有人给《文艺报》写批评文章。丁玲说孙犁的小说是有缺点，主要是缺少蓬勃之气，但这不属于文艺思想上的问题，对于这样有才华的青年作家应该鼓励多于批评。1951年，《光明日报》批评孙犁的小说"有浓厚的小资产阶级情调"，丁玲写了长达八页的信，肯定他的创作，鼓励他不要消沉。1956年孙犁患了严重的神经衰弱，丁玲写信安慰他，又介绍李达的儿子、湖南医学院的心理医生去为他诊治。老友沈从文，自解放后心情惶惑，不知所从，遇到难处常向丁玲求

1951年9月，丁玲与苏联作家爱伦堡（右）、杭州艺术专科学校校长刘开渠在杭州

助，如工作调动、在报刊上发表文章，甚至妻子生病住不进医院。1952年他向丁玲要了二百元还公家的账，丁玲立刻让人把钱送给他。丁玲在1950年11月为《胡也频选集》写的序言中，还回忆了也频被捕后沈从文忙前跑后给予她帮助的情节。

丁玲是访问苏联最早、访问次数最多的新中国作家，前后一共有五次，建国前两次，建国后三次。最风光的一次要数1952年2月，与曹禺一起参加果戈理逝世一百周年纪念活动。这是她第四次访问苏联，3月4日在纪念果戈理逝世一百周年大会上发言。纪念活动结束后，3月13日晚上，莫斯科电台广播了苏联部长会议关于将斯大林文艺奖金授予1951年度文学艺术方面有卓越成绩者的决定，其中中国作品有三部：《太阳照在桑干河上》和《白毛女》获二等奖,《暴风骤雨》获三等奖。这是新中国的文学作品第一次在国外获奖。这时,《太阳照在桑干河上》俄文版已经印了50万册普及本。

第二天清晨,我国驻苏联大使馆的文化参赞戈宝权打电话祝贺丁玲,记者也来采访。她对新华社记者发表谈话说:"我是一个渺小的人,只做了很少很少的一点工作。"这句话她重复说了两遍。她说:"这个光荣是中国所有作家的,是中国人民的。这是对全体中国人民和作家的鼓励。"她给陈明写信说:"我总觉得沉重。我一定还要写出更好的作品才行!"

回到北京后,6月7日苏联驻华大使馆举行授奖典礼,罗申大使颁发了斯大林文艺奖金。在6月8日全国文联举行的获奖庆祝会上,丁玲宣布把全部奖金五万卢布捐给全国妇联儿童福利部,用于儿童福利事业。9月10日新华社消息称:"全国妇联已征得丁玲同意,决定把捐款五分之一作为优秀的儿童文艺读物的奖金,其余用来购买幻灯机和幻灯片有重点地转发到农村去,向农村的儿童和母亲们进行妇幼卫生教育和宣传苏联儿童和新中国儿童的幸福生活等。"6月9日《人民日报》一则消息称:《太阳照在桑干河上》已被译成俄、乌克兰、立陶宛、拉脱维亚、罗马尼亚、捷克、匈牙利、波兰、保加利亚、德、日、蒙古等12种外国文字。

五 《在严寒的日子里》

1952年秋天,丁玲的腰疼病又犯了,坐着站不起来,站着坐不下去。腰疼是延安时的老毛病,曾多次发作,1947年在红土山写《太阳照在桑干河上》时,丁玲白天把腰贴在炉壁上烫着,夜晚没有热水袋敷在腰间就不能入睡。这一次也很厉

1954年3月,丁玲(右二)、陈明(左一)在湖南吉首三义坪乡与村民合影

害，她开会的时候"坐立不安"，坐汽车要么进不去，进去了就出不来。1952年10月14日，北京医院门诊部为丁玲开具的证明书上写着："自1942年时常发生腰疼，两膝关节也时常疼痛，与天气变化有关系。曾在本院投照骨像，发现7、8、9胸椎及第三腰椎有增殖性变化，脊柱有轻度侧弯。本院对丁玲同志的疼痛原因认为是风湿样病变，在所患关节部及腰部肌肉内，除在本院曾用蜡热敷外，并建议行泥浴疗法。"

为了泥浴疗法，他们去了旅大，10月22日住入旅大市岭前桃源台卧龙街22号，开始了疗养生活。市委书记欧阳钦和市文联主席方冰来看丁玲，建议去苏军疗养院，那里有敷泥疗法。10月28日，丁玲住进小平岛上的苏军疗养院。丁玲获得了斯大林文艺奖金，苏联人都知道她的名字，很尊重她，苏军政委亲自出面迎接，还请她给疗养院人员讲了一次话。房间里典雅舒适，有地毯、桌布、台灯和鲜花。她在岛上散步，去小学校看望小学生。医生采用敷泥疗法，每天一次，丁玲住了40天，但治疗效果并不理想，出院的病历上只写着"情况进步"。12月15日丁玲致信母亲说："身体好些，精神好些，虽然病况什么也没有解决。"

来旅大之前，丁玲给中宣部写报告，请求辞去中宣部文艺处处长、全国文协党组书记、《人民文学》副主编职务。在疗养期间，她接到胡乔木副部长的通知，同意她的意见，免去中宣部文艺处处长、全国文协党组书记职务。丁玲想摆脱杂事，专心写作，这是她最大的愿望。

陈明早在1950年就来过旅大，那年9月他为了创作电影剧本《海港生涯》，来体验生活。那时丁玲给他写信说："我要多努力，多做出成绩来。今年冬还要写小说，你知道我的，我是什么时候也没有放松的。"10月4日又写信说："我一定要抓紧时间写点文章，而且明年一定要写长篇。"陈明回信劝她："你本更宜于写作，但既然工作需要，又已经站在工作岗位上，那就毫无微言的埋头苦干吧。"1951年8月丁玲给周扬写信说："在我的思想中有许多苦闷。我实在希望我能创作，我要创作，我是一个搞创作的人，对创作有刻骨的相思。"

从延安起，到1955年蒙难，工作与写作的矛盾一直困扰着丁玲。丁玲有威信有能力，能团结人，所以周扬、胡乔木一再往前推她，但她实在不愿意管人管事管行政，不愿意在人际关系上花费脑筋。1985年秋天丁玲回忆1950年代初期时说："我并不愿意做工作，我对工作的前途没计划，都是应付的，一定要我做我就做，都是采取这样的态度，不想搞出什么名堂来，因此我的工作成绩是不好的。在延安就是如此。"

丁玲肩上的担子减轻了，创作欲望更加强烈，立即做出种种打算。1953年1月28日，丁玲给周扬写信，汇报了治疗情况之后说："我这几年因为能力所限，帮助你很少，工作成绩不大，常常觉得很难过，觉得很对党不起。因此我又想，也许还是去写点什么好些。我的生活基础，理论艺术基础都很不够，如果要创作还得学习与生活。你对于我的工作有什么意见呢？你曾经答应我明年请假搞创作，我想我现在应该作这个计划了。我现在还是要求脱离一切工作专门从事创作两年，如果将来还须要我工作的话，我就再做工作。我下去的计划，过去同你也曾谈过一点，现在也还是这样三个方案。一，写井冈山，先搜集材料和研究材料，然后采访。二，到县上去做副书记一年或一年半，准备写长篇。三，做一年记者以后再定住下来，或者再做第一方案或第二方案。这三个方案，我也向乔木同志征求意见去了，同时请您帮助决定。"

一年前，即1952年2月23日，丁玲跟徐光耀聊天时说过，她想写的东西太多了，最吸引她的是：第一，想到新疆王震的部队去看看生产和打小仗（剿匪）；第二，想到东北的大森林中去看看伐木；第三，或者到湖南故乡，看看伐木者们的"顺流而下"；第四，去黄河，看大规模的水利建设。她说，"我喜欢有色彩的地方，喜欢一般人不大注意或不爱去的地方，我是不跟人赶浪头的"。

大连的泥疗没有效果，旅大市委第二书记陈伯村建议丁玲去鞍山附近的汤岗疗养院，那里有温泉，据说治疗腰病很有效。1953年2月16日，周扬写信来说："你想到汤岗温泉去治疗一下，我完全赞成。此间工作，虽急待你回来，但还是先把身体搞好了再说，这是急不得的，你安心地休养吧。中央已决定调刘芝明同志来文化部，荃麟同志到文协，这样工作一定可以加强。"周扬还说："这两三年来，我觉得你的进步是大的，我也喜欢你那股工作的劲头，你也好强，但有原则，识大体，有分寸，与某些同志的个人积极性就不同多了。"周扬仍然是只谈工作，不提创作，显然他不同意丁玲离职去搞创作。

丁玲开始不想去汤岗，觉得离开工作的时间太长了，疗养成绩又不大，想回北京去，可是春节前她参加了一个工人的敬老会，坐了两个钟头，第二天参加了一个庆祝中苏友好同盟三周年的会，又坐了两个钟头，腰又不能动了。2月20日她给周扬写信说："到现在快十天了，腰还不能支起全身来，因此我又动摇了。我想像现在这样回去，能做什么呢？我只好还是到汤岗去。我预备等腰再好一点，可以坐火车了，就去，也就是打算二十四五号一定去。去了能治，当然再好没有，不能治，也好死心。"

1953年2月27日，丁玲转到汤岗温泉疗养院，每天洗温泉，按摩，果然效果不错。一个疗程一个月，整个治疗需要两个疗程，中间休息半个月。陈明3月27日致信祖林、祖慧说：前两天我们走了八里路，上了一座小山，回来后腰疼也没有犯，四月后半月开始第二个疗程，五月底六月中一定可以回京了。

要不是5月4日母亲逝世，丁玲还会在汤岗多住一时。75岁的蒋慕唐老太太死得很突然，她说腰疼，夏更起陪她去北京医院看病，医生检查完了，说脑血管有毛病，当即收留住院。住院没几天，一天夜里就过去了，没受什么痛苦。丁玲的秘书陈淼从北京给陈明打电报，陈明没敢告诉丁玲实情，只说老太太病重，住院了，应该回去看看。在沈阳转车时，他们在省文协住了一夜，陈明给北京打电话，委托文协秘书长严文井帮助安排后事，买最好的楠木棺材。严文井说楠木棺材很贵，陈明说钱由我们自己出。第二天坐上回北京的火车，陈明就拐弯抹角给丁玲做工作，丁玲说妈妈身体好，有点小毛病一挺就过去了，陈明就说老太太毕竟七十多岁了，经不起折腾，我们也要有最坏的思想准备。5月6日，火车驶进前门火车站，文协副秘书长张僖来接，祖林、祖慧也来接，丁玲笑着跟人寒暄，大家都默不作声，她跟祖慧拉手，祖慧的手冰凉，丁玲回头跟陈明说："我受了你们的骗了，妈妈不在了！"汽车径直开到停放灵柩的煤渣胡同贤良寺，丁玲在灵前大放悲声。

丁玲的母亲一生追求光明，豪爽大气，待人热情真诚，又爱喝点酒，丁玲的朋友都敬重她，喜欢她，爱跟她说笑，来吊唁的人很多，丧事办得很隆重。5月17日是送葬的日子，周扬、冯雪峰、曹靖华、郑振铎等都来了，文学研究所来了很多同学，帮忙把一屋子花圈拿到街上。丁玲腰疼病又犯了，由两个人架着跟在灵柩后面。灵车出了大门，后面紧跟着13辆小卧车，两辆大汽车殿后，驶往西郊万安公墓。墓园的东北角开着一个墓穴，棺材沉入穴中。墓碑由江丰设计，上面刻写着"蒋慕唐之墓"，刘开渠做了浮雕。

处理完丧事，丁玲感觉身体不好，有时还出现心区疼痛，去红十字医院检查，血糖指标高出一倍，苏联医生诊断为植物神经紧张不全、糖尿病、腰间部脊髓神经根炎，建议适当休养。7月，丁玲去北戴河住了半个月。

鉴于丁玲的健康状况，以及从事文学创作的决心，中央宣传部同意继续为她减负。1953年8月7日出版的《人民文学》7、8月号合刊上，丁玲不再担任副主编，新的主编是邵荃麟，副主编严文井。9月中央文学研究所第二期开学，丁玲不再担任主任，只辅导李涌、谷峪等几个学员，当个"客座教授"。9月在中国文学艺术工作者第二次代表大会上，决定将"中华全国文学工作者协会"改组为"中国作家协会"，主席仍为茅盾，副主席则由原来的丁玲、柯仲平两名扩大为七名,增加了周扬、巴金、老舍、冯雪峰、邵荃麟。10月,中央任命中国作协第二届党组,周扬接替丁玲担任书记,邵荃麟为副书记。

这样,丁玲只剩下中国作家协会副主席、党组成员两个职务,除了参加一些会议,一般不负责具体工作,她终于可以专心创作了。

1953年10月5日,丁玲在中国文学艺术工作者第二次代表大会上发言说:"在这样英雄的时代里,我们也应该具备着理想,也就是具备着英雄的心,我们应该有一个奋斗的目标,写出一本好书,不是马马虎虎的书,是要有高度的思想性、艺术性的,不是只被自己欣赏,或几个朋友赞美,而是为千千万万的读者爱不释手,反复推敲,永远印在人心上,为人所乐于引用的书,不只是风行一时,还要能留之后代的。"她满怀激情地表示:"作为一个作家,要达到我的理想,也有许多缺陷,我还必须做很大的努力,但我却愿意和你们在一起,努力改变我的环境,找我的道路去。我更悄悄地告诉你们,我还有一点雄心,我还想写出一本好书,请你们也给我以鞭策。"[1]

丁玲从进城以后一直有个愿望,想要写出社会主义文学的

---

[1] 丁玲:《到群众中去落户》,1953年10月,《丁玲全集》第7卷。

新人物。早在1949年10月，她就在《西蒙诺夫给我的印象》中敏锐感觉到："苏联文学中慢慢出现了新人物了，不是陀思妥耶夫斯基的痛苦的人物，也不是高尔基小说中的人物，而是社会主义国家里的人物了。这些人物，已经不是阴沉的人物，不是有些忧虑的人物，也不是《铁流》里的郭如鹤，而是一种明朗的、新鲜的、单纯的、活泼的自然极了的人物。这些人物给我们新的启示，我们看出一个国家变了，人民的品格也随之而更可爱了。……这些人物的确没有托尔斯泰小说中的人物给我们的印象深刻，让我们去思索，但这些新人物却是多么地发亮，多么地吸引人呵！这些人物在当前的中国的作品里还不能找到。"

塑造"新人物"是社会主义文学的重要课题，直到1953年11月，无官一身轻的丁玲才写出第一个新人物。她去官厅水库体验生活，这是新中国建设的第一座大型水库，1951年10月动工，1954年5月竣工，重要水源之一便是桑干河。丁玲写了《粮秣主任——官厅水库散记之一》，先刊登在1953年11月20日《人民日报》，又发表于《人民文学》12月号。文章不到九千字，却是建国以后丁玲第一篇在深入生活基础上的文学创作，此前那些文章多是报告、演讲或赶气候表态性的应景之作，即便访欧散文，也只是公务活动的副产品。可以说，《粮秣主任》是官员丁玲回归到作家丁玲的第一个标志。但这只是一次练笔，只是一篇"散记"，接下来，她还要写长篇。

1954年3月，丁玲和陈明去湘西参观访问，这是丁玲自1931年把祖林送回常德交母亲抚养之后，第一次回湖南，时隔23年。在火车上，她读契诃夫的小说《新娘》，打扑克牌，在日记里写道："离开了安稳平淡生活的多福巷，和陈明两人作着长途旅行，我们再不被那些会议，那些文艺思想中的问题麻烦着。我读不到信，见不到常常见到的人，听不到常常听见的那些烦人的事，我是多么的感到轻松和愉快呵！我兴奋着，整天都沉浸在一种充满了幸福和欢欣的情感之中。"

3月6日凌晨到长沙，接下来的几天，他们游览长沙市容、烈士公园，在火宫殿吃饭，看花鼓戏，看湘剧《蝴蝶杯》，去韶山参观毛主席故居。省委书记周小舟是丁玲延安时期的熟人，邀请他们去家里吃午餐。之后，省委安排一辆吉普车，拉他们去常德，那是丁玲度过童年的地方。她寻访旧居，看望母亲的好友蒋毅仁，给以生活资助。3月18日傍晚，他们抵达吉首，那里是丁玲此行目的地，她想了解湘西剿匪情况，看有没有故事好写。丁玲住了一个多星期，湘西苗族自治区主席石邦智是剿匪英雄，当过花垣县大队的大队长，给丁玲介绍了很多剿匪情况。但是她没有写湘西的剿匪故事。

丁玲最后选定的长篇题目，是《在严寒的日子里》，描写1946年温泉屯土改后，国民党部队进攻晋察冀解放区，恶霸地主反攻倒算，温泉屯的农民成立护地队，同国民党部队斗争的故事，其中的一部分素材，是她在写作《太阳照在桑干河上》时特意留存下来的。

1954年3月的《文艺报》上发表了丁玲致陈登科的一封信，评论他在《人民文学》上发表的长篇小说《淮河边上的儿女》。陈登科是中央文学研究所的学员，那时丁玲对他就很看重，说他无所顾忌，说干就干，不怕说错，不怕做错，写作品就要这样有个冲劲，有个干劲。如今陈登科担任了安徽省文联副主席，他要表示对老师的感谢，邀请丁玲去黄山避暑、写作。丁玲正想找个合适的地方去写长篇，她还很想去看看正在建设中的佛子岭水库，那是安徽省遵照毛主席"一定要把淮河修好"的号召，根治淮河的大型水利工程，大坝上还要建一个水电站，丁玲想把它跟官厅水库做个比较。

7月6日清晨，丁玲与陈明乘坐火车到了蚌埠，陈登科接站后告诉他们，去合肥的道路堵塞不通，去看佛子岭水库的计划只好取消。他们决定改变路线，先去杭州，从那里转赴黄山。7月7日中午到杭州，雕塑家刘开渠是杭州副市长兼艺术专科学校校长，安排他们住进西泠旅社，并邀请丁玲去杭州艺专做一场讲演，丁玲坐了一夜火车实在太累，便拒绝了。西泠旅社位于西泠桥畔，背倚葛岭，面向西湖，此时正值荷花盛开，湖中灿烂一片。丁玲为看陈学昭，决定多住一天，第二天冒雨去梅家坞，看望为写《春茶》在那里体验茶农生活的陈学昭，但她进城开省委会去了。当晚陈学昭闻讯赶来，一起吃了晚餐。

那年夏天黄山雨水极多，丁玲他们一到山下的管理处，就赶上连日大雨，在紫云别墅被隔了一个星期。上山后，在北海散花精舍住了五十多天，遇见在那里写生的刘海粟夫妇。丁玲在烦人的哗哗雨声中，以每日两三千字的速度开始写《在严寒的日子里》，一共写出五万多字。9月15日，丁玲回京参加第一届全国人民代表大会第一次会议，她被列入山东省代表团。10月，丁玲带着秘书张凤珠，到张家口、怀来、宣化、涿鹿等地采访，为《在严寒的日子里》进一步搜集素材。

1954年10月16日，毛泽东写了《关于红楼梦研究问题的信》，信封上写着："刘少奇、周恩来、陈云、朱德、邓小平、胡绳、彭真、董老、林老、彭德怀、陆定一、胡乔木、陈伯达、郭沫若、沈雁冰、邓拓、袁水拍、林淡秋、周扬、林枫、凯丰、田家英、林默涵、张际春、丁玲、冯雪峰、习仲勋、何其芳诸同志阅。"一共28个名字。10月18日，中国作协党组开会传达。10月31日至12月8日，全国文联和作协主席团召开八次扩大联席会议，批判《红楼梦》研究中的资产阶级唯心论，批评《文艺报》，有30多人发言。这是解放后文艺界第一次大规模的批判会。丁玲决不会想到这就是她厄运的开端，她后来说："那时我一心要写长篇小说，实在倦于这些过左的和在人事上杂有派性的争论，最后我勉强写了一个书面检讨过关。"[1]

会议开完，以周扬为团长，丁玲、老舍为团员的中国作家代表团，去莫斯科参加第二次全苏作家代表大会。在苏联作家群里，丁玲影响大、朋友多，常有人热情打招呼。代表团的翻译高莽回忆：大会开幕前，苏联作协总书记法捷耶夫宴请几个国家的代表团，丁玲的座位在法捷耶夫和斯大林文艺奖金获得者尼古拉耶娃中间。大会12月15日至26日召开，丁玲穿一身黑色丝绒旗袍，佩戴银色的斯大林文艺奖章，端庄大方，气度高雅，斯大林文艺奖章在苏联是很高的荣誉。12月24日丁玲致信陈明说："你一定怪我怪死，说我不写信。我老实告诉你，我实在太累了，一天到晚盼不到回房子睡觉。一天十个钟头、十一个钟头的会，坐得我腰疼，我怕犯，一回房，什么也不敢做，就躺下了，而且睡眠总是不好，还要赶写稿子。"大会结

---

[1] 丁玲：《风雪人间·悲伤》，《丁玲全集》第10卷。

束后，代表团去列宁格勒参观访问，正在那里留学的祖林来陪伴妈妈。那是丁玲最后一次访问苏联。

1955年1月，中宣部向中央提交了《关于开展批判胡风思想的报告》，认为胡风的文艺思想是反党反人民的文艺思想，活动是宗派主义小集团活动，目的是企图按照他自己的面貌来改造社会和我们的国家，反对社会主义建设和社会主义改造。中央批准了这个报告，并要求各级党委把它作为工人阶级与资产阶级之间的一个重要斗争来看待。

2月5日、7日两天，丁玲出席了中国作协主席团扩大会议，会议决定对胡风的文艺理论展开彻底全面的批判。但她对批判胡风毫无兴趣，开完会就和陈明去了无锡，先在交际处住了两天，然后搬到太湖鼋头渚一座独幢小楼万方楼，它与紧邻的"七十二峰山馆"，原来都是王昆仑父亲王心如先生的别墅，现在归属江苏省疗养院，房前就是太湖。

万方楼地处风景区，游人较多，刚去时屋子有点冷有点潮，还生了火。陈明写信告诉祖慧："新鲜鱼虾有的是，不过口味做得不合意，我们也就将就了，因为吃的是疗养院的伙食，自己起火太麻烦。每天我们七点钟起床，八点早饭，九点到十二点工作，下午二点到四点又工作，四点钟以后，到外面散散步，六点钟吃晚饭。夜晚就看看书，听听音乐。"丁玲先修改在黄山写的稿子，3月9日给祖慧写信说已经整理出二万字，希望到夏天能搞出十五万字来。"这里天气坏得很，一直下雨，星期天晴了一天，我们休息了，下午进城，晚上看电影《格林卡》。第二天又阴了，可是我们还理了发，游了惠山，就是出泥娃娃的地方。可是从前晚就又下开了雨。一下雨，我们就出不了门，无处散步，惟一好处就是安静，连湖里都没有打鱼的船了，更不会有什么游客……"偶尔有熟人朋友来玩一下，赵丹黄宗英夫妇、孔罗荪夫妇来游太湖，他们招待吃中饭，北影厂的凌子

1955年3月，丁玲在太湖边跳绳

风、海默来无锡修改剧本，也在万方楼住过几天。5月10日陈明给祖慧写信说："这些日子天气好极了，可能是这里最舒服的日子。我们五点多六点起床，七点早饭，饭后工作到十一时，你妈常常叫饿。中饭后午睡一小时，又看书工作。我们过得很理想。"

陈明修改《太阳照在桑干河上》电影剧本，这是文化部电影局分派的任务。他初接任务时又害怕，又感觉有兴趣，怕的是改不好，有兴趣的是觉得自己可以改，而且能改得好。3月17日，他把改好的电影剧本送回北京文化部去审查。

丁玲在黄山两个月写了五万字，在无锡三个多月，除了修改前面的五万字，又写了三万字。她的顾虑多了，速度便慢下来，3月23日给陈明写信说："我实在一时写不出。我想了，想得很多，可是实在难写。我不能把人的理想写得太高，高到不像一个农民。可是我又不能写低他们，否则凭什么去鼓舞人呢？"

6月中旬，丁玲回京出席第一届全国人民代表大会第二次会议，打算开完会就回来，继续写作。陈明留在无锡，去大渲口供销社采访渔民，打算写一个渔民抗日斗争的电影剧本，但不久就接到单位通知，要全体外出人员返京。

那次人大会议的主要议程是审议通过第一个五年计划。丁玲在发言稿中用诗一般的语言说："在伟大的生活面前，在马克思列宁主义面前，在党的领导面前，在伟大的第一个五年计划面前，我好像也在生长，在飞翔，我要说话，我要歌唱，我要写。在我心中聚满了一个声音，我不得不喊出：我要劳动啊！我要投身到祖国的建设中去，投身到这个斗争中去。"[1]但是她的幸福心情很快就被一场斗争击碎。

---

[1] 丁玲：《学习第一个五年计划草案的一点感想》，1955年7月，《丁玲全集》第7卷。

丁玲、母亲和祖林
1931年3月于常德

1948年6月,中央妇委欢送解放区妇女代表团
后排右二起:李伯钊、丁玲、邓颖超,右七张琴秋
后排左起:杨之华、康克清

崔承喜1949年12月15日送给丁玲的剧照

1949年11月,丁玲率中国代表团去苏联参加十月革命32周年庆祝典礼
前排右二起:沙可夫、丁玲、白杨、丁西林、吴晗
后排右起:赵树理、许之桢、曹禺、李凤莲

丁玲与陈明在北海划船

全家福。摄于
1950年1月

1966年春,丁玲(前排中)与宝泉岭农场家属合影

1981年7月27日在佳木斯宾馆
左起：姜英杰、梅仪慈、谷峪、丁玲、郑加真、王增如、杨桂欣、陈明

1979年1月，全家在北京合影

1981年，丁玲、陈明与聂华苓、安格尔，在聂华苓家欢聚

1983年5月，在义乌召开的第一届雪峰研究学术讨论会期间，丁玲与楼适夷（右一）、郑育之（右三）合影

1984年8月24日下午，在丁玲寓所商谈《中国》筹办事宜
前排左起：雷加、曾克、丁玲、舒群、牛汉
后排左起：王增如、冯夏熊、王中忱、刘绍棠、朱正、陈明（周海婴摄）

第四章 从北京到北大荒

1958 年 3 月,陈明下放黑龙江农场前与丁玲在多福巷留影

一　厄运突来

从1955年8月3日起，中国作协党组在东总布胡同22号作协机关楼下的小会议室连续召开扩大会议，开始是追查胡风分子，然后追查一封匿名信，是1955年4月以"作家协会的一个工作人员"名义写给刘少奇，认为去年年底检查批评《文艺报》是错误的，是文艺界某些领导推卸责任，嫁祸《文艺报》。有人说，匿名信很可能是陈企霞写的。8月6日的第四次会议开始转向，揭露批判"丁玲、陈企霞反党小集团"，批评"丁玲的错误的思想和行为"。周扬最后发言说：作家协会有一股反党的暗流，是无原则结合起来的小集团，号召与会的同志揭发。作协党组副书记刘白羽说，中宣部决定扩大会议规模，由三十多人扩大到七十人，请文化部、全国文联各协会派人参加，作协小会议室坐不下，地点改在宝珠子胡同全国妇联的一间中等会议室。到8月13日第九次会议时，会议记录的标题由《中国作家协会党组扩大会议座谈"匿名信"问题》，变为《中国作家协会党组扩大会议座谈关于自由主义、反党暗流问题》。

丁玲一下蒙了，她没有想到她会成为批判对象，而且罪名是"反党"，更没想到一些很好的朋友也会揭发她，甚至不惜捏造大量事实。8月13日陈学昭发言，揭发丁玲跟她说："你应该有一本书，草明、白朗都有一本。"这就是后来的所谓"一本书主义"。8月15日、16日的会上，严文井、张光年提出丁玲历史上与反党暗流有关，需要检查历史。9月6日周扬发言说：丁玲、陈企霞是反党的联盟。丁玲在两次会议上做了检讨，都被斥为虚伪、向党进攻。中国作家协会党组不对会上揭发的所谓"反党事实"调查核实，就写入《关于丁玲、陈企霞等进行反党小集团活动及对他们的处理意见的报告》，9月30日上报中宣部并转中央。10月底，丁玲写出书面检讨，迫于压力，承认了和陈企霞是反党联盟的关系。她在1956年8月16日致中宣部党委会信中说，承认"反党联盟"是出于两种考虑：一个是觉得有理也讲不清，实在不想再无休止地纠缠拖延下去，干脆承认算了，可以早早从事工作；更主要的原因是怕被开除党籍，失去政治生命，"在当时情况下，坚持真理和坚持错误只一纸之隔，我觉得，我坚持了，是有被开除党籍的可能的"。

检讨写完了，丁玲要求随人大代表团去山东视察，但没有得到作家协会批准。她决定到海淀区四季青乡去采访成立高级合作社的情况，在那里遇到作家白刃，相处了五六天，一道采访，听取区乡干部介绍情况，同模范人物座谈，给一对顽固的老农民做思想工作。丁玲还写了一个短篇小说《杜秀兰》，她自己不满意，一直没有发表。

1955年12月15日，中共中央批发了《中国作家协会党组关于丁玲、陈企霞等进行反党小集团活动及对他们的处理意见的报告》。

1956年夏天，丁玲和陈企霞写出申诉材料，中央宣传部召开部长办公会议，决定成立调查组，对中国作协写给中央报告中提出的丁玲、陈企霞所谓的"反党"事实进行查对。从7月到年底，调查组向所有参加中国作协1955年批判丁玲、陈企霞党组扩大会的同志做了调查，取得57人写的调查材料。"调查核实的结果是，作家协会党组1955年《关于丁玲、陈企霞等进行反党小集团活动及对他们的处理意见的报告》中所揭发的丁玲反党事实，主要问题都不相符，绝大部分属子虚乌有。"[1]没有一个人坚持"反党""小集团"的论点，报告中列举的几条罪状都站不住脚。中宣部召开部务会议，听取调查组的汇报后，决定对丁玲、陈企霞摘掉"反党小集团"的帽子，对查对

---

[1] 李之琏：《我参与"丁、陈反党小集团"案处理经过》，《炎黄春秋》1993年第5期。

结果实事求是地做出结论。为了表示给丁玲正名，1956年《人民文学》第10期发表了《在严寒的日子里》前8章，还加了编者按。丁玲提出去四川、云南参观访问，得到中宣部批准。

1957年4月27日，中共中央发出《关于整风运动的指示》，决定在全党进行一次以正确处理人民内部的矛盾为主题，以反对官僚主义、宗派主义和主观主义为内容的整风运动。在整风中，中宣部和中国作协机关许多人提出："1955年对丁、陈的斗争过火了！""丁、陈反党小集团的结论站不住脚，这顶帽子应当去掉！"根据中宣部的复查意见，中国作协党组于6月6日、7日和13日，召开三次扩大会议，中国作协党组书记邵荃麟、副书记刘白羽发言说："丁、陈反党小集团"的结论是站不住的，不能成立，对揭发材料没有核实就向中央写报告，不慎重。会议气氛比较激烈，发言的同志纷纷提出质问，认为主要责任在周扬和刘白羽身上。7月，反右派斗争开始，中国作协党组扩大会的风向180度大转弯，把纠正"丁玲、陈企霞反党小集团"的错案，认定是丁玲、陈企霞"翻案"，把他们打成右派分子，展开更大规模更强火力的批判。《人民日报》在头版头条位置刊登《文艺界反右派斗争的重大进展——攻破丁玲陈企霞反党集团》。

陈明因为积极帮助丁玲"翻案"，也被定为右派分子，

1958年春节过后，北京电影制片厂通知他：撤销级别，保留厂籍，下放黑龙江密山农场劳动改造。得知即将离别的消息，丁玲与陈明在家中拍了一张合影，两个人的脸上都没有笑容。3月10日，陈明随国务院系统右派分子乘专列离京，丁玲在家等候组织处理意见。5月27日，中国作协整风领导小组做出《关于右派分子丁玲的政治结论》，处理意见为："开除党籍，撤销作家协会副主席，全国文联主席团委员、全国文联委员职务，撤销人民代表职务，取消其原来的行政（七级）级别，保留作协理事。"丁玲不愿一个人留在北京，她追随陈明去了黑龙江。农垦部部长王震在密山接见丁玲，把她和陈明安排到条件较好的汤原农场，告诉她说："思想问题嘛！我以为你下来几年，埋头工作，默默无闻，对你是有好处的。过两年摘了帽子，给你条件，你愿意写什么就写什么，你愿意去哪里就可以去哪里。这里的天下很大，我们在这里搞共产主义啊！"此后八年间，王震一直关照丁玲，想方设法要为她摘掉右派分子帽子，让她施展才华，书写开发建设北大荒的开拓者和劳动者。

二 风雪人间

    1958年7月6日，丁玲和陈明到了合江农垦局下属的汤原农场，那里的转业官兵大部分来自参加过抗美援朝的15军，政治素质好。丁玲被安排到畜牧队，陈明在第二生产队，都在场部地区。他们的家也安在鸡舍院子里，从那时起，他们在北大

1975年秋，
丁玲与陈明在山西省长治市嶂头村
这是他们出狱后第一次合影

荒生活了12年。丁玲80年代把记述那段生活的回忆录，开始叫《风雪十二年》，后来改为《风雪人间》。风雪，指的是北大荒寒冷的自然环境和反右派、文革两次冷酷的政治斗争，人间，指的是北大荒人民给予他们的温暖。风雪中的温暖，倍感温暖，这个改动，意味深长。丁玲和陈明永远忘不了，他们头戴"黑帽"面刺"金印"忐忑不安地下来之后，农场的职工给予他们的信任、鼓励和帮助，他们始终感念北大荒。

丁玲来到农场，第一个信念就是好好劳动，这既是为了改造自己，也是为了得到群众的认可，他们衡量你的第一个标准，就是你的劳动态度如何。1959年4月12日，丁玲给中国作协党组写的汇报信里说："开始劳动的时候，工作虽是轻劳动，而且劳动时间不多，但大半都须要弯腰，腰痛病曾犯过，我有所顾虑，怕腰垮台，像过去那样。不过我克制自己，注意休息，多做腰部活动，努力适应劳动的须要。我帮助打扫鸡舍，每次劳动只一两小时，但比较吃力，经常是汗流浃背，直到腰不能支持时才回宿舍。但我这时都感到愉快，觉得终于我能够做一些比较重的工作了，只有使尽了力量以后的休息，才是真的休息。原来我是不能挑水、挑煤、挑粪的，但当我单独负责一个鸡舍时，鸡少，屋子不大，我觉得还须要另外找人帮我做重劳动，那是不好的，也不应该，这样就个人设法，半筐半筐地拉出去拉回来。在饲料室切菜，因为菜都冻硬了，须要用大切菜刀砍，手臂很吃力，同时老是站着，我的腰也很累，每天晚上混身疼，两手攥不拢拳头，也伸不直，睡不着觉。我这时没有以为苦，只以为耻，不愿向人说。我每天在满天星辰朔风刺脸的时候，比上班早一个钟头，去饲料室升炉子（炉子常在夜晚灭了，早点升炉子，把火烧得旺，菜好切些）。"

丁玲那时五十多岁，在当地人眼里已经是个老太太，但她从不偷懒，除了干好自己的工作，还想着关心照顾别人。跟她一起喂鸡的赵玉芬是个二十多岁的小姑娘，怀了孕，早晨六点钟起来，丁玲已经把炉子生着了，把冻得邦邦硬的大头菜烤软了，这样好切多了。一年后王震安排丁玲和陈明担任文化教员，他们组织职工和家属扫盲、排戏、演出、办黑板报，自掏腰包花了二千五百元，从北京给农场买回放映机的发电机，让大家能看上电影，活跃了文化生活，大家都亲切地管他们叫"老丁""老陈"。

1960年11月，被解除军队职务、调任农垦部副部长的萧克到合江农垦局视察工作，来到汤原农场看望丁玲，他们是1936年底在陕北打击胡宗南的战斗前线认识的。农场领导宴请时，萧克叫她一同进餐，并热情称她"丁玲同志"。1962年10月，萧克作《汤原晤丁玲》诗回忆那次见面情形："冰封雪冻嫩江寒，相见同惊两鬓斑。共历风波差一字，别时频频语犹难。"陈明1996年10月走访萧克，特意请他抄写了这首诗。

王震连续几年让农场、农垦局逐级写报告，给丁玲摘掉右派帽子，但是一到北京就通不过。1964年底，王震安排他们去规模更大、机械化程度更高的宝泉岭农场，想让丁玲摆脱工作，专职写北大荒英雄谱。丁玲不愿脱离群众，跟着劳动标兵邓婉荣一起去做家属工作，组织她们学文化，读报纸，学习毛主席著作，唱革命歌曲，义务劳动，清扫垃圾，积肥，建托儿所，这个家属委员会被评为全省职工家属学习毛主席著作标兵单位。

"文化大革命"中，丁玲遭到迫害，挂着黑牌子挨批斗，后来又被关进"牛棚"。1970年她和陈明被关进北京的秦城监狱。1975年5月20日，丁玲被关押五年之后得到释放，中共中央专案审查小组办公室做出的《对叛徒丁玲的审查结论》称："丁玲是叛徒，其问题性质属敌我矛盾，遵照毛主席'调研从严，处理从宽'和'给出路'的政策，保留其公民权，养起来，每月发给八十元生活费。"她和陈明一前一后，来到山西省长治市老顶山公社嶂头村。从1969年5月在宝泉岭农场的"牛棚"分手，他们整整六年没见面了，两个人的手紧紧握在一起。丁玲说："哎呀，这个地方好！"陈明说："两个人在一块就好！"

开始，他们住在一户社员家腾出的三间正房，后来大队用省里拨给的两千元安家费，在一处老宅基础上改建新宅，1977年8月，丁玲、陈明迁入独门独院的新宅院。这时丁玲已经73岁了，但是老乡们说她像50多岁。陈明写了一首诗描述她："满头银发胜少年，药不离口心常甜，泰山压顶步履健，葵花向阳色更鲜。太行山麓湘楠木，笑迎春色满人间。数不尽的风浪险，一部春秋乐晚年。"末尾一句，指的是丁玲还想写完长篇小说《在严寒的日子里》。虽然身体和心灵都遭受了重大打击，但丁玲的热心不减，她还要干点有意义的事情，要把《在严寒的日子里》写完。

这部书，丁玲从1954年动笔，1956年在《人民文学》发表前八章，这么多年来她心里一直没有放下，在北大荒时写了几万字，但是"文革"中都被抄家抄走了。她毫不气馁，1976年4月给祖林夫妇写信说："我已经开始改写了，已完成五章，自己还满意。"1977年1月，祖林来到嶂头村住了七天，看了《在严寒的日子里》手稿，已经写了七八万字。

丁玲拿起笔来才发现，不服老不行。她身体一些器官都有毛病，腰椎病、颈椎病时时发作，阴雨天去一趟果园腿便疼痛难忍，右臂疼得厉害时连梳头都困难，糖尿病也很严重。写作的速度慢下来，到1978年3月就停笔了，此后她的精力转向写申诉材料和作为拿给读者见面礼的《杜晚香》。丁玲在嶂头村一共完成24章，计12万字，仅仅介绍了主要人物和人物之间的关系，全书并没完成。

1978年3月，蒋祖林在北京参加了一个中日造船技术交流会后，来到嶂头村，带来中央开始平反冤假错案的好消息。他说，平反冤假错案的工作归中央组织部管，部长是胡耀邦。丁玲很兴奋，立即在陈明帮助下，给胡耀邦和中央组织部写信陈诉冤情，包括三个问题：关于叛徒问题，1955年丁陈反党集团问题，1957年划为右派问题。4月中旬，丁玲写完申诉材料，为稳妥起见，陈明决定亲自跑一趟，4月20日携带材料去北京。12月，陈明再次进京，找熟人，递材料，申诉冤情。

开始，中组部想把丁玲安置到太原，但丁玲坚持要回北京，只有回到北京，她的问题才能彻底解决。经过艰苦的努力，在胡耀邦、王震和一些老朋友帮助下，陈明1978年12月21日下午终于得到消息：中组部同意丁玲回京治病，要文化部具体安排。

1959年冬，丁玲（前排中）担任汤原农场畜牧队文化教员时与农场其他教员合影

三　回北京

1979年1月12日清晨,从太原开来的火车缓缓停靠在北京站台,丁玲笑着走下来,稳稳地站在北京的大地上。她和陈明住进和平里文化部招待所,第二天陈登科就赶来看望,他已经出任安徽省作协主席,在日记里说:"丁玲完全变了,如一个不认识她的人,在街上看见她,一定会把她当成从乡下来的刘

1979年11月15日,丁玲与文学研究所学员及工作人员聚会
右起:马烽、陈淼、石丁、吴伯箫

姥姥。我们有二十二年未见面了。当然有说不出的滋味。不过，她还和过去一样爽朗，谈笑风生，毫无顾忌。"[1]春节时蒋祖林一家从上海来了，加上北京的蒋祖慧一家，老少三代八口人第一次团聚，这是盼了多少年的事，他们去照相馆拍了一张全家福。

老战友老朋友纷纷来看望，丁玲的房间里从早到晚坐满了人，除了北京的，还有上海的孙峻青，湖北的姚雪垠，河北的徐光耀、刘真、李涌等，二十多年不见，有说不完的话。丁玲也去看望了几位老熟人：王会悟、周扬、茅盾和叶圣陶。他们或是左联时期的战友，或是恩师，而周扬大权在握，丁玲的平反问题肯定绕不过他。85岁的叶圣陶激动地写了一首《六幺令》：

启关狂喜，难记何年别。相看旧时容态，执手无言说。塞北山西久旅，所患惟消渴。不须愁绝，兔毫在握，赓续前书尚心热。

回思时越半纪，一语弥深切。那日文字姻缘，注定今生辙。更忆钱塘午夜，共赏潮头雪。景云投辖，当时儿女，今亦盈颠见华发。

---

[1]《陈登科文集》第8卷，北京燕山出版社2003年3月出版。

丁玲将叶老亲笔书写的这首词镶在镜框里，一直挂在客厅的墙上。

2月20日丁玲住进友谊医院，进行全面身体检查。陈沂、萧三、叶子龙、范瑾，很多老干部都住在这里，医院条件很好，房间里有20吋彩电，能洗热水澡。丁玲检查结果，主要是糖尿病、冠心病，此外右乳部有一黄豆大小肿瘤，外科专家吴蔚然怀疑是乳腺癌，建议手术切除。丁玲不想马上做手术，希望通过药物治疗，把手术推迟一年，她刚刚回到北京，要发表文章，让读者听到她的声音，再一个，她担心手术出现意外，见不到平反结论她是死不瞑目的。

住院期间，丁玲写了著名的《"牛棚"小品》，记述"文革"期间她被关押在"牛棚"遭受迫害的三段遭遇，但文章的格调却是乐观昂扬的。后来她说："我的经历可以使人哭哭啼啼，但我不哭哭啼啼。这样的作品可以偶然写一篇，但不想多写。我还是要努力写《杜晚香》式的作品，尽管有些人不喜欢。"《杜晚香》是丁玲准备在重返文坛后，写给广大读者的见面礼，她以宝泉岭农场劳模邓婉荣为原型，抒发了对于北大荒、对于劳动和劳动者的赞美。

丁玲最关心的是平反问题。中组部将她的申诉材料转到中宣部，中宣部批给作家协会处理。1979年5月3日，中国作家协

1979年5月26日，丁玲探望叶圣陶

会复查办公室做出《关于丁玲同志右派问题的复查结论》，这个结论说：

丁玲同志于1978年4月，对其被划为右派问题，提出了申诉。根据中央（1978）55号文件精神，我们对她的问题进行了复查：

一、关于1933年被国民党逮捕后在南京的一段历史问题

经复查，丁玲同志1933年被捕问题，中央宣传部曾在1956年10月24日作过审查结论，属于在敌人面前犯过政治上的错误。1975年5月19日中央专案审查小组办公室又重新作了结论，定为叛徒。但这个结论所依据的事实未超过1956年作结论时的根据。因此，我们认为，应维持中央宣传部1956年10月24日《关于丁玲同志历史问题的审查结论》，撤销1975年5月19日中

央专案审查小组办公室《对叛徒丁玲的审查结论》。

二、关于反党集团问题（略）

三、关于右派问题（略）

综上所述，丁玲同志的言行不属于反党反社会主义性质。把她定为右派分子，属于错划，应予改正。

一、撤销1958年5月27日中国作家协会整风领导小组"关于右派分子丁玲的政治结论"；

二、撤销1958年中共中国作家协会总支"关于开除右派分子丁玲党籍的决议"，恢复丁玲同志的党籍；

三、恢复丁玲同志的原工资级别（行政七级），建议适当安排工作；

四、对丁玲同志亲属、子女档案中涉及这一问题的材料应予销毁。

6月8日，丁玲写出对这一复查结论的保留意见，主要是："（一）对于这个结论，除第一项历史部分外，我都同意。希望在'恢复丁玲同志党籍'后面，加写'恢复其政治名誉'七个字。（二）对于第一项历史部分说'应维持中央宣传部1956年10月24日《关于丁玲同志历史问题的审查结论》'，我不能同意。"请求组织上根据历史事实，"确认1940年中央组织部所作的结论是正确的，应该维持这个结论。"

1979年4月14日，丁玲出院，经中央办公厅安排，暂住友谊宾馆，这里的条件比文化部招待所好得多。丁玲急于写作，但她的腰背不好，不能长久伏案。陈明找来一块木板，拴好绳子，丁玲挂在脖子上，调整好高度和位置，就成为写作的书桌。陈明打趣说："像街上卖米糕的。"

来客依然很多，一些外国学者也来信了，第一位是日本岩波书店的编辑田畑佐和子。丁玲4月26日复信说："这是我22年来收到的第一封外国友人的来信。"8月4日，田畑佐和子和她的丈夫田畑光永来到友谊宾馆拜访丁玲。北京大学中文系学生黄蓓佳与《光明日报》记者一起来访，要给《文汇报》写一篇访问记。

丁玲在报刊上第一次露面，是1979年3月出版的山西省文学期刊《汾水》第三期上发表的《致一位青年业余作者的信》，这只是丁玲写给一位海军战士的普通信件，对他的两篇小说习作提出意见，但那时她的平反结论还没有做，所以她说《汾水》的编辑同志"不能不说是冒了一点小的风险，冲了一下禁区的"。

丁玲最看重的媒体是《人民日报》，她把精心修改的《杜晚香》和为人民文学出版社写的《〈太阳照在桑干河上〉重印前言》，都寄给《人民日报》文艺部负责人。报社的编辑嫌《杜晚香》太长，要她删改，丁玲就把稿子要了回来。祖林的同学刘朝兰又把《杜晚香》拿给《人民文学》，编辑认为结尾有点重复，建议删去一些，来友谊宾馆送稿子时丁玲不在，就放在传达室里，丁玲仍然不愿修改。5月16日《十月》季刊的苏予、刘心武来找丁玲约稿，取走《杜晚香》。刘心武读完后立即给丁玲写信，高度赞扬《杜晚香》，立即发排在第三期上，但后来事情又起了变化。

丁玲的名字在《人民日报》上亮相，是1979年6月6日，她出现在补选的第五届全国政协委员名单里，按姓氏笔画排列居首。接着，《人民日报》又登载了贺子珍、丁玲、罗章龙当选为全国政协委员的消息和他们三人的照片，刊发消息《作家丁玲正在撰写新作》。6月15日，全国政协五届二次会议开幕，丁玲以政协委员的身份出席。会议期间，邓颖超同志关切地问到丁玲这些年来的情况。月底，丁玲接到出席全国政协第33组党员会议的通知，因为中国作协还没有恢复她的组织生活，走进会场时问召集人周而复："我没有走错地方吧？"周而复热情地回答："你没有走错，就在这儿。"参加党员会后，丁玲激动地写出《"七一"有感》，发表在7月1日《北京日报》上："党啊，母亲！我回来了，今天，我参加了政协党员会。整整21年了，我日日夜夜盼望着这一天。"

接下来的7月，是丁玲硕果累累大丰收的季节。7月18日，

《人民日报》发表了《〈太阳照在桑干河上〉重印前言》。7月号《人民文学》发表了《杜晚香》。《人民文学》副主编刘剑青说："中央有关方面已向编辑部打过招呼，丁玲同志落实政策的第一篇作品最好是在《人民文学》上发表。"这样《人民文学》的编辑又来找丁玲要《杜晚香》，丁玲只得把《十月》已经发排的稿子要了回去，作为补偿，把《"牛棚"小品》给了《十月》。1982年《"牛棚"小品》获《十月》散文奖。《人民日报》是中共中央机关报，《人民文学》是最高规格的文学刊物。此外安徽省7月出版的《清明》创刊号上，发表了《在严寒的日子里》24章。

10月22日，丁玲迁入复兴门外大街的部长楼，陈明当天日记称为"乔迁大喜"。丁玲在这所住宅里，度过了最后的七年时光。同一天，中央组织部发出宣干字22号文："中国作家协会筹备组：丁玲同志的复查结论正在审批。鉴于第四次文代会即将召开，丁玲同志已当选为代表，请先自即日起恢复其党籍，恢复其组织生活，并请转告第四次文代会领导小组。"

中国文学艺术界第四次代表大会1979年10月30日在北京开幕，邓小平代表中共中央、国务院致词。其间还召开了中国作家协会第三次会员代表大会。这是十年浩劫之后文艺界第一个盛会，丁玲终于得以以党员身份出席，因其革命资历老、创作成就大、遭受迫害时间长,她的出现引起轰动。她在大会上的发言引起经久不息的掌声。

11月11日,中国作协第三次会员代表大会选举第三届作协理事,488人投票,丁玲以472票当选,与茅盾并列第二。11月12日中国作协第三届理事会举行第一次会议,选举茅盾为中国作家协会主席,第一副主席巴金,丁玲等12人为副主席。11月15日文代会选举全国文联委员,杜鹏程得票最多2752票,丁玲2740多票。11月16日丁玲带病出席文代会闭幕式,晚上出席了中宣部、文化部联合举行的招待会。

大会期间,11月15日下午,原中央文学研究所、文学讲习所的学员和工作人员在新侨饭店举行联谊会,庆祝二十多年后的重逢和老主任的复出,吴伯箫、徐刚主持,到会近百人,一、二、三、四期共5个班的学员都到了。大会期间丁玲身体一直不好,11月13日晚气管炎加重,急诊住进友谊医院。徐刚去医院接她,丁玲立刻穿好衣服戴上头巾说:"我去我去!"徐刚搀着丁玲走进新侨饭店的大厅,大家激动地拥上去,一些人流下眼泪,簇拥着丁玲拍了一张又一张合影,气氛极为热烈。丁玲讲话说,文研所不是我的功劳,我没有做什么工作,工作是别人做的,能开今天这个会,还要感谢党。

1980年2月20日,丁玲去人民医院复查乳腺肿瘤,医生认为90%是恶性。2月22日又去北京医院会诊，肿物较一年前增大了，吴蔚然大夫建议及早入院手术。3月4日丁玲住入协和医院。

癌症手术具有一定风险，丁玲3月6日致信邓颖超，告知自己的病情，并寄了一本《太阳照在桑干河上》："我现做两种准备，一是良性的，争取在医院住三个星期或一个月就出院，如若是癌则准备住两个月，三个月……就难有准了。因此我得把想办的事办完。奉送上这本书，也是其中之一。原以为三八节或者可以有机会见到你，现在看来也不行了。"

1980年3月10日，吴蔚然大夫主刀，为丁玲做右侧乳腺癌大面积切除手术。上午8时20分进手术室，12时回病房，手术顺利，癌细胞未扩散。3月31日陈明致信赵清阁说："丁玲住院手术，承你远方关怀，病中致书问候，铭感五内，特致谢忱。她于四日入院，十日作根治手术，由吴蔚然大夫主刀，经过良好。术中术后均未出现异常情况，现在已经拆线，伤口基本愈合，能在廊上散步。"

丁玲5月13日出院。北京正是最好的季节，公园里的花都开了，丁玲想起颐和园，那是1950年代初期她常去常住的地方，已经有二十多年没去过了。6月1日是星期天，又是儿童节，她和陈明约了蒋祖慧一家去逛了一次。

1980年6月8日，丁玲看望茅盾

在徐刚等人的积极努力下，中国作协文学讲习所重新办起来，从1950年代那四期排序下来，这一期称为第五期，并邀请丁玲出席开学典礼。1980年4月14日，丁玲在协和医院致信徐刚、古鉴兹及第五期同学，祝贺他们开学。出院后，6月21日，她去给第五期学员讲了一次话，那一期学员里的王安忆、陈世旭、叶文玲等，后来都成为著名作家。

6月中旬，丁玲收到梅志来信："记得四十年前，你从延安曾寄来文稿及主席手迹。文稿以后编成《我在霞村的时候》，版税也已直接寄你，手迹一直保存至今，虽经历了许多灾难和波折，幸好还完整无缺。五三年迁京时，本已提出，想找一机会面交你，并叫你谈谈当时情况，可因种种不愉快事，将它耽下了。最近从藏文稿的皮包夹层中，找出了这手迹，不能说完璧归赵，实在应该立即奉还物主。"丁玲十分高兴，派女儿蒋祖慧去取回毛泽东《临江仙》词手迹，发表于10月10日出版的《新观察》。

6月末，丁玲持卫生部开具的介绍信去庐山疗养，陈明陪伴。途经上海停留三天，市委宣传部部长陈沂接待。上次来沪还是1951年秋天，她陪同爱伦堡夫妇、聂鲁达夫妇参观游览，阔别此地已经30年了。她去龙华烈士陵园凭吊胡也频，也频逝世已经50年了！她和陈明去看了祖林一家，祖林1953年8月去苏联列宁格勒造船学院学习潜艇设计制造，学制5年半，1959年3月毕业回国，分配到上海工作，4月与李灵源结婚。丁玲很喜欢孙女小延，要她暑假去庐山住些日子。上海人民艺术剧院演出的《陈毅市长》让她激动，演出后她还会见了作者沙叶新。

7月5日晚，他们乘坐东方红20号江轮抵达九江，乘车上山，住入庐山疗养院247楼三层八号。这是一个套间，有卫生间，每人每天床位费四元五角，伙食费一元五角。自1955年春天无锡鼋头渚万方楼之后,丁玲第一次有这么好的写作环境,很想借此清凉之地,好好写几篇文章。7月10日,她写了《赞〈陈毅市长〉》,寄给陈沂,在《文汇报》刊出,7月15日又为《白刃短篇小说集》写了序。她在庐山住了近50天,实际只写了这两篇。

丁玲见到梁信、西彦、吴强、白桦、公刘、蹇先艾等多年不见的朋友,看了电影《今夜星光灿烂》《庐山恋》。8月4日,她出席了全国高等院校文艺理论学术讨论会开幕式,8月7日讲话一个半小时,8月23日下山,在南昌看了八一起义纪念馆、八大山人故居青云谱,8月27日回到北京,参加全国政协五届三次会议。

四 心系北大荒

1980年12月18日,丁玲、陈明离京,应厦门大学之邀去鼓浪屿疗养,在上海转车停留四天,12月25日晚住进鼓浪屿上的福建省干部休养所五号楼。这是一栋小洋楼,坐落在山坡上,绿树环绕,两面都有宽走廊。50年未见面的老友徐霞村,在厦大外文系做教授,丁玲12月27日给他写信说:"此地对我印象极佳,原以为住几天,一个时期就可以转地的,现在却

1981年7月,丁玲在普阳农场看望知识青年

在做安家落户的打算了，我想如果没有事，这里是可以多住一时的。"

丁玲此来有两个计划，第一是调整好身体，第二是还几篇文债。她最先写完的是《鲁迅先生于我》。1981年是鲁迅诞辰一百周年，湖南人民出版社要出版一本纪念集，向丁玲约稿。接着丁玲为谷峪的《萝北半月》写了序。谷峪是1950年代中央文学研究所丁玲喜欢的学生，在反右派斗争中受丁玲牵连受到迫害，下放农村劳动了十几年。丁玲1978年在山西乡下听刘真讲了他的遭遇，像一块石头压在心上，一直想为谷峪做点事情。《萝北半月》是1956年谷峪访问北大荒以后写的，它把丁玲"引入了久别的'故乡'"，那里的原野、森林、村庄，特别是那里面的人物，都"迎面走来，亲热如故"。她写道："什么地方，什么生活最能使人留恋呢？我想大约还是要看那里有没有你最喜欢的人，最喜欢的事，你有没有爱过。"她的北大荒情结被唤起了，她和陈明在鼓浪屿上做了一个计划：今年一定要回一趟北大荒！

4月6日，丁玲出席了厦门大学60周年校庆，见到福建省委书记项南、数学家陈景润等，第二天上午在厦大建南大会堂，为六千师生作了两个小时演讲，题目是《文学创作的准备》，吃过午饭她与陈明就登上火车，回京参加茅盾追悼会。

1981年7月初，丁玲与黑龙江省国营农场总局党委书记王桂林商定了北大荒之行的计划，7月17日抵达农场总局所在地佳木斯。丁玲特意邀了谷峪同行，还有一位美国密歇根大学教授梅仪慈女士。7月19日，总局宣传部副部长郑加真等陪同他们，乘船去普阳农场。普阳农场位于萝北县蒲鸭河畔，是汤原农场职工1971年开荒创建的，丁玲在汤原农场的熟人大部分都在那里。他们一下船，就被闻讯赶来的老职工包围，一起大声说笑，回忆起20年前的往事。丁玲、陈明准确地叫出一个又一个人的名字，大家感叹他们记性好。丁玲说：不是记性好，是感情深，你们在最困难的时候给了我们温暖，一句关切的话，一个关切的眼神，怎么忘得了呢！

第二天晚上，丁玲、陈明在农场俱乐部会议室与原汤原农场老职工见面。陈明回想起丁玲在畜牧队扫盲班上课的情景，风趣地说："现在上课了。"丁玲说："不是上课，还是讲故事。"满场响起会心的笑声。1960年代初，农业遭灾，口粮标准降低了，农场的文化学习也暂时停止了，但畜牧队的学习还照样坚持。为什么？就是丁玲上课之前先讲故事，讲到精彩处便停下来，说今天先上课，明天接着讲，这样保证了学员的出勤率。丁玲说："二十几年过去了，我还是怀着当年的心情来到北大荒。我在这块土地上生活过十二年，这里的人民哺育了我，在我最困难的时候给我添了煤，加了火，使我更坚强，有力量，我从内心里感谢你们，我的心永远同你们在一起。"他们在普阳农场住了三天，每天都沉浸在久别重逢的激动和欢乐中。参观养鸡场时，丁玲端起一个饲料盆，熟练地踮着小碎步给鸡喂食。

随后他们经过萝北县到了宝泉岭农场，丁玲同当年做家属工作时的老姐妹聚会。胡冬莲拿出1966年春天她们一起拍的六寸合影，丁玲被簇拥在中间。丁玲说：你的胆子不小啊，敢保存反革命分子的照片。胡冬莲说："文革"中我也把它挂在墙上，我跟造反派说，老丁犯的什么错误我不清楚，我只看见她给农场办了不少好事。他们拿我没办法。

丁玲、陈明一行还参观了友谊农场，五分场二队正在用美国约翰·迪尔公司生产的收割机收割小麦，硕大的机械一会儿就吃掉一块麦田。丁玲与陈明还登上驾驶楼拍照。

8月12日丁玲、陈明回到北京，经过短暂休整和准备，8月29日启程飞往旧金山，应爱荷华大学国际写作中心邀请，赴美国写作访问4个月。

第五章
壮美夕阳

1983年4月27日,法国总统密特朗在巴黎爱丽舍宫
接见丁玲、汪德昭、吴恒兴、刘宾雁、陈明

一 看世界

1980年4月，丁玲刚做了乳腺癌手术，美国爱荷华大学的聂华苓、保罗·安格尔夫妇带着一个特大的花篮，来医院看望她。他们在爱荷华大学主持一个"国际写作计划"，每年邀请世界各地的作家来写作、讨论、旅行，从1979年开始接待中国大陆作家，当年邀请了萧乾和毕朔望，1980年邀请了艾青夫妇和王蒙。丁玲和聂华苓一见如故，有说不完的话。丁玲出院后，6月4日设家宴招待聂华苓夫妇。聂华苓回到美国后，7月18日给丁玲写信说：这次回国，是我一生中的一件大事，见到您又是这件大事中的大事。多少年来，读您的小说，关注您的处境——为您悲哀、气愤、不平……终于见到您后，您自己却是那么平静、恬淡，这就叫人更感动了。只可惜没机会和您面对面、心对心长谈，这是此次回国最叫我遗憾的事。她邀请丁玲和陈明1981年秋天来爱荷华，在这个安静的小城住四个月，休息，写作，换换空气。

丁玲第一次来到最大的资本主义国家，要充分利用这段时间认识美国，了解美国，理解美国，批判美国。9月20日她给祖林、祖慧写信，介绍生活状况说："我住在五月花公寓，两间房，还有厨房、卫生间。面西，前是大草坪。远处有浓密的枫树林。八层楼是爱荷华最高的楼房。厨房很精致，有餐桌、大冰箱、烤炉。房租四百六十元。吃饭很便宜，自己做，每月每人大约不到一百元。除电话、洗衣等，我们每月七百元就够了。"他们用四个火口的煤气灶做饭，用公用的洗衣机、干燥机洗衣服，推着小车在货架林立无所不有的超级市场里买东西。他们也去吃汉堡吃比萨饼，看橄榄球比赛，看百老汇歌舞团演出，这一切新奇的感受都让丁玲喜欢，资本主义并不全都是丑恶、腐朽和没落。

每天的日程几乎都安排得满满的，有时像赶场似的从一个活动奔向另一个活动。美国的繁荣发达程度大大超出丁玲的想象。她眼花缭乱，目不暇接，每天都吸收大量信息，她先囫囵吞咽下去，再慢慢消化。她结交了一些新朋友，与年轻的台湾诗人蒋勋来往频繁相处融洽。她十分喜欢聂华苓和保罗·安格尔，有时在晚饭后走十几分钟路程，出现在聂华苓家的楼梯上，四个人就坐在临河的窗前喝茶聊天，尽情说笑。10月1日晚上，她和陈明借聂华苓寓所举行国庆招待会，招待各国作家和中国留学生。10月12日是丁玲77岁、安格尔73岁生日，聂华苓举行酒会为他们祝寿，双方互赠礼品，安格尔得到一对景泰蓝花瓶，丁玲得到一件睡衣。

丁玲和陈明参观游览了密歇根、纽约、华盛顿、波士顿、旧金山、洛杉矶等城市，在密歇根大学、哥伦比亚大学、普林斯顿大学、华盛顿大学、威士理女子大学、哈佛大学、耶鲁大学、斯坦福大学等名牌学府演讲，会见了杨振宁、李振翩、陈鼓应、陈省身、赵浩生、阿瑟·米勒等著名学者，与夏志清也有一面之缘。柴泽民大使为丁玲访美举行酒会，美国副国务卿出席。受到这种待遇的中国作家，大概只有丁玲。他们还应加拿大文化理事会邀请，去加拿大参观访问11天，走了蒙特利尔、渥太华、多伦多、温尼伯四个城市，还特意驱车去格雷文·赫斯特小镇参观白求恩故居。

丁玲把对美国的观察与思考，写成25篇访美散文，从1981年11月起，陆续在《新观察》《文汇月刊》等报刊登出，后来结集为《访美散记》，由湖南人民出版社出版。她在这些文章中，细致形象地讲述了包罗万象极为方便的超级市场、抵押贷款分期偿还的购房方式、"做的是今天的工作，花的是明天的钱，还的是昨天的债"的信用卡消费习惯、汽车多了带来的停车难和修车烦，等等，这些在当时的中国全都是新鲜事，引发读者很大的阅读兴趣。

丁玲也要表示对于美国资本主义制度的批判，最重要的一篇是《会见尼姆·威尔士女士》。尼姆·威尔士是埃德加·斯诺的前妻，1937年访问过延安并写出《续西行漫记》，如今75岁，患有心脏病，床头离不开氧气瓶，孤身住在乡下一所1752年建成的破旧木房子里，没有汽车不能出远门，写了三十几部书稿不能出版，每月只有150美元社会保险金，连交电费都不够。丁玲描述完这位风烛残年生活贫困的老妇人，写道："三个多月来的许多豪华场面、许多悲苦寂寞的场面，一下都同时出现在眼前，这就是美国，这个美国的影子，笼罩着我。美国

第五章　壮美夕阳

1981年11月21日，
丁玲看望尼姆·威尔士

有许多好处，我应该对她说些好话；可是，她却以她许多浓重的阴影压迫着我，我喘不过气来。"离开美国前，丁玲将500美元讲课费作为圣诞礼物寄赠尼姆·威尔士。

丁玲还写过一篇《安娜》，这是一个富有的、热情好客的、却又孤独寡居的老太太，在家里盛情招待了丁玲他们一些外国作家，当天深夜死在豪华的公寓里。次日上午丁玲从聂华苓处得知这个消息，十分震惊，她观察美国的第一篇就写了《安娜》，想用这个故事揭露美国经济富有却人情冷漠、老年孤独的社会现象。

1983年4月，丁玲去了另一个老牌资本主义国家法国，这一次出访的规格很高。法国总统密特朗将于那年5月访华，访华前夕，法国政府邀请丁玲等中国文化、科技界名人访法。法兰西充满艺术魅力，丁玲年轻时就喜欢法国文学，还曾动过留法的念头。出访前，为了准备赠送密特朗总统的礼物，丁玲先向刘迅求购国画一幅，文怀沙又找了范曾，他以《聊斋》为题材画了一幅《促织》。

1983年4月15日晚7时，丁玲、陈明乘法航班机飞往巴黎。他们在两周里会晤了八位作家，其中有巴黎笔会会长、法兰西学院第一位女院士玛格丽特·尤瑟纳尔、81岁的"新小说"派女作家娜塔莉·萨洛特，还有老相识、萨特的伴侣波伏瓦，

1955年秋天丁玲曾在家里款待她和萨特。这一次波伏瓦也在家里接待丁玲，客厅里最引人注目的是桌子上那两只萨特的石膏手模。波伏瓦回忆起二十多年前的中国之行，回忆起在丁玲家里吃到了鱼翅，"鲨鱼的鳍"！她大笑起来。他们参观了卢浮宫、凡尔赛宫、枫丹白露、蓬皮杜文化中心、国立图书馆、国家印刷厂，丁玲印象最深的是蓬皮杜文化中心。他们参观了法国全国书展，十分开眼，那时国内还从未搞过这样大规模的书展。4月27日晚六时，密特朗总统在爱丽舍宫接见丁玲等中国作家和科学家，他很亲切，很客气，说了解丁玲的作品，赞赏她重视文学作品社会教育作用的观点。在巴黎的最后一天，丁玲和陈明去参观了周恩来赴法勤工俭学时的旧居、拉雪兹神甫公墓的巴黎公社墙、巴尔扎克墓，雨果的墓没有找到。他们4月29日回到北京。

在巴黎，丁玲收到一个出版社付给她的短篇小说《大姐》（即《杜晚香》）法文版稿费2000法郎，他们买了25本书赠送给法国作家和接待方的工作人员，剩余的120法郎回国后交了党费。

丁玲最后一次出访，是1985年5月率中国作家代表团出访澳大利亚，行程半个月，去了悉尼、墨尔本、阿得雷德等城市。他们出席了澳大利亚作家协会大会开幕式、全国剧作家大会开幕式，参观了国立图书馆、国立美术馆，参加了几个座谈会，接受记者采访，在著名的悉尼歌剧院看了芭蕾舞。那时丁玲的身体状况已经不大好，《中国》杂志搞得她身心疲惫，但她心里还是惦记着《中国》和编辑部的一帮青年人。在墨尔本海边散步时，看到有几栋很精致的二层小楼，大玻璃窗，阳台上有几把藤椅，正在招租，丁玲对牛汉说：咱们《中国》有这样一幢房子就好了，让编辑们每年有两个月安安静静地住在里面写东西，一个文学编辑，应当同时进行创作，写小说、报告文学也可以，写评论也可以，这样他们才能与作家心心相印。以后编辑部可以分成两套人马，不搞编辑的就搞创作，写评论，形成制度，形成我们刊物的风格。

二 舒心的几年

1982年,是丁玲复出后最舒心最风光的一年。那一年是毛泽东发表《在延安文艺座谈会上的讲话》四十周年,丁玲写了8篇纪念文章,其中最重要的是长篇回忆录《延安文艺座谈会的前前后后》。她还写了20多篇访美散文,在《人民日报》等报刊上发表了40多篇文章。9月,她列席了党的第十二次全国代表大会,这是极高的政治荣誉,她在讨论会上发言说:"参

1984年4月,丁玲到张得蒂工作室,看她塑造的《丁玲印象》。左为张得蒂

加这样的会,是一九三二年我入党后五十年来的头一次。"

10月,丁玲应湖南省出版局和湖南人民出版社邀请,做了一次尽兴的故乡行,走了长沙、衡阳、常德、临澧、岳阳,游览了衡山、岳阳楼和当时尚未正式开放的张家界风景区,在黄狮寨登上514级台阶的大岩屋。她参观了少年时就读过的省立第二女子师范学校(现桃源师范学校)、长沙周南女子中学和岳云中学(现衡山县第一中学)。她回到整整60年不曾去过的临澧,作了广播讲话《再见吧,故乡》。离湘前她应《湖南画报》之邀,写了一篇《似无情,却有情》,抒发故乡情怀:"我曾是天涯游子,四处为家。我的根子不是扎在小小的故土,而是扎在祖国的大地。但现在却因为这块可爱的故土,使我有了一股新的温情,这大概就是所谓故乡情了吧。"

1983年5月,访法回京后不久,丁玲和陈明去了一趟江苏、上海、浙江,那是一次愉快的出游,也是一次重要的出游。她在义乌出席了好友冯雪峰的学术讨论会,她最后一次在上海龙华烈士陵园凭吊胡也频,她在杭州看望了二十多年不曾来往的老友陈学昭。

访法之前,文怀沙出面,范曾画了一幅《促织》送给丁玲。文怀沙和范曾并向丁玲夫妇发出邀请,出席5月举行的狼山广教寺法乳堂18高僧瓷砖壁画揭幕仪式。丁玲本来计划要去浙江义乌参加雪峰学术讨论会，恰好顺路，便答应下来。狼山位于江苏南通的长江岸边，广教寺是千年古刹，1980年代初全面维修时，选出中国佛教史上十八位高僧，由范曾造像，北京市工艺美术厂烧制成瓷砖壁画，镶嵌在法乳堂两侧墙壁上，文怀沙写了《南通州广教寺法乳堂碑文》，书法家康雍篆刻，整个这一组建筑展示，具有较高的历史价值和艺术水准。

5月23日上午九时，丁玲与陈明出席广教寺法乳堂18高僧瓷砖壁画揭幕仪式，来宾中还有张仃、侯宝林、楼适夷、黄宗英、郭兰英、康殷等，可谓胜友云集。第二天丁玲参观了南通工艺美术研究所和扎染厂，年轻的女工们亲热地围着她拍照，晚上看了楼乾贵、郭兰英、王莉等艺术家的表演。

5月25日，丁玲应《文学报》负责人孙峻青邀请抵达上海，次日登门看望巴金，送菖兰一束，向他转达了法国朋友的问候，吴强也赶来见面。巴金赠送新出版的《巴金散文选》。5月27日上午，丁玲在《文学报》与山西刊授大学联合举办的"文学创作与中文教学讲座"开学式上，作了《走正确的文学道路》讲话，过道和走廊也挤满了人。会后丁玲买鲜花去龙华烈士陵园凭吊胡也频，这是她最后一次来上海。下午乘火车抵杭州。

丁玲在杭州只待了一天，最重要的一件事是看望陈学昭。

陈学昭十分惊喜，这是自丁玲1955年挨批判以来她们第一次交往。陈学昭在中国作协1955年批判丁玲、陈企霞的会上，曾经做过违心揭发，为此一直心怀愧疚。丁玲来后不久，陈学昭1983年7月10日写了《一九五五年夏天在北京》，回忆在中国作协批判丁玲大会上，某些人动员她揭发丁玲的经过。12月27日她把这篇文章寄给丁玲，并写信说："我有时不懂，为什么您常被人无中生有的捏造出一些批斗'资料'，所谓这，所谓那，全是捏造，说谎！"

5月29日，丁玲、陈明到了雪峰的家乡义乌。5月30日，丁玲在雪峰学术讨论会开幕式上发言，详细讲述了她与雪峰"来往的始末"，后以《我与雪峰的交往》为题发表。她还与楼适夷、唐弢、汪静之、杜鹏程夫妇去佛堂村参观了雪峰故居。

1983年10月5日晚上，丁玲去空军政治部礼堂看了话剧《热泉》，是空政话剧团以朱伯儒事迹创作的。朱伯儒1955年入伍，1969年入党，入伍28年，干一行爱一行，21次立功受奖，中央军委1983年7月7日发布命令，授予他"学习雷锋的光荣标兵"荣誉称号。看完演出第二天，空政话剧团的办公室主任左荣贵和编剧王培公来向丁玲征求意见。丁玲表示很赞赏这个戏，但"热泉"这个名字概括度不够，应该有个更加醒目响亮的剧名。过了几天他们又来，说剧名改为《火热的心》。丁玲说这个名字好，有时代感。他们邀请丁玲写一篇剧评。丁玲为朱伯儒的精神所感，很快写出《保持共产党人的本色——话剧〈火热的心〉观后》，11月15日在《北京日报》上登出。一周后，左荣贵打来电话，向丁玲表示感谢，说朱伯儒想来看望丁玲。丁玲说，好啊，你们晚上来吧，在这里吃晚饭。11月22日晚，朱伯儒由左荣贵、王培公陪同，来看望并感谢丁玲。丁玲留他们吃饺子，一直谈到9点钟。

1984年春天，丁玲的客厅里多了一件艺术品，一座名为"丁玲印象"的塑像，作者是中央美院女雕塑家张得蒂。张得蒂从1981年5月开始构思这件作品，几易其稿，每次拿给丁玲看时，丁玲总是笑呵呵地说，这个像个教师、知识分子，那个像劳动模范，不说好，也不说不好。张得蒂知道丁玲不满意，她自己也不满意，断断续续琢磨了三年，后来从30年代史沫特莱拍的一张丁玲照片中找到灵感。1984年4月12日，张得蒂把丁玲、陈明请到工作室，这一次她非常自信地说："无论谁提什么意见，我也决不再改了。"那是年轻丁玲的半身像，长发飘逸，双臂修长，两手支颐，一双大眼睛射放出聪慧、灵秀和满不在乎睥睨一切的傲气，谁见了都说好，说捉到了丁玲的神韵。至今这座"丁玲印象"，仍是所有丁玲塑像中最完美的一尊。

三 《为丁玲同志恢复名誉的通知》

丁玲表面风光,内心里却始终有一块心病,就是她的所谓历史问题。

1979年中国作家协会给她做的复查结论,撤销了她的右派分子结论,恢复了党籍,恢复了原行政级别,但是关于1933年被国民党逮捕后在南京的一段历史问题说,"应维持中央宣传部1956年10月24日《关于丁玲同志历史问题的审查结论》"。

史沫特莱1931年为丁玲拍摄的照片

中央宣传部1956年10月的审查结论认为：丁玲"在敌人面前屈服，向敌人写了申明书。这种行为，实际上是一种变节性的行为"，"她的错误性质，是属于在敌人面前犯过政治上的错误"。丁玲给中央组织部写了申诉材料，表示不能同意这一结论。1980年1月25日，中发〔1980〕30号文："中国作家协会：同意你们关于丁玲同志右派问题的复查改正意见，恢复其党籍和政治名誉，恢复原工资级别。关于丁玲同志历史上被捕中的问题，同意维持中宣部一九五六年十月所作'在敌人面前犯有政治上的错误'的结论。对该结论中说丁向敌人写'申明书''是一种变节性的行为'一词，可予改正。"

1984年，丁玲就这个问题向中央组织部提出申诉，中组部指定干审局局长何载负责此事。何载在《冤假错案是这样平反的》[1]一书中说："关于丁玲的历史问题，经中组部干审局查明，早在1940年10月就已经由在延安的中央组织部进行过审查，并由时任中组部正、副部长的陈云、李富春审定和签署了审查结论，认为她历史清楚，是'对党对革命忠诚的共产党员'。1984年又查阅档案，找多方面同志查证，重新审查，仍未发现有叛变行为。……因此，丁陈反党集团并不存在，右派分子属于错划，历史上没有变节问题。但是，这一错案是在极

---

[1] 中共中央党校出版社1999年1月出版。

'左'思潮和内部民主生活不正常的情况下搞的,现在彻底平反有的人还不赞成。胡耀邦则指示组织部的同志坚持实事求是的原则,据理力争,叫干审局同志多次找不同意的同志耐心商量,认真研讨,终于取得共识,通过彻底平反的结论。"

1984年7月,中央组织部拟定了《为丁玲同志恢复名誉的通知》,经中央书记处批复同意,8月1日以中组部〔1984〕9号文件发向全国的党组织。《通知》说:"一九五五年、一九五七年定丁玲同志为'丁、陈反党集团''右派分子',都属于错划、错定,不能成立。对一九五五年十二月中央批发中国作家协会党组《关于丁玲、陈企霞等进行反党小集团活动及对他们的处理意见的报告》和一九五八年一月中央转发中国作家协会党组《关于批判丁玲、陈企霞反党集团的经过报告》,应予撤消。一切不实之词,应予推倒,消除影响。"关于南京那一段历史,《通知》说:"丁玲同志在被捕期间,敌人曾对她进行威胁、利诱、欺骗,企图利用她的名望为其做事,但她拒绝给敌人做事、写文章和抛头露面,没有做危害党组织和同志安全的事。而且后来辗转京沪,想方设法终于找到党组织,并在组织的帮助下逃离南京,到达陕北。"对于那个"申明书"的定性是:"只是为了应付敌人,表示对革命消沉态度,没有诬蔑党、泄露党的秘密和向敌自首的言词。"

《通知》高度评价说:"丁玲同志是我党的一位老同志,在半个多世纪以来的革命斗争中和文艺工作中,做了许多有益的工作,创作了许多优秀的文艺作品,在国内外有重大影响,对党对人民是有贡献的。一九五七年以后,她在二十多年的长时间里,虽身处逆境,但一直表现好。一九七九年恢复工作以后,她拥护党的十一届三中全会制定的路线、方针、政策,不顾年高体弱,仍积极写作,维护毛泽东文艺思想,教育青年作家,几次出国活动,都有良好影响。'事实说明,丁玲同志是一个对党对革命忠实的共产党员。'现决定为丁玲同志彻底恢复名誉;因丁玲同志被错定、错划而受株连的亲友和同志亦应一律纠正,推倒一切不实之词,消除影响。"

这个文件有三个要点,其一,撤销了1955年12月中央批发中国作协党组《关于丁玲、陈企霞等进行反党小集团活动及对他们的处理意见的报告》,和1958年1月中央转发中国作协党组《关于批判丁玲、陈企霞反党集团的经过报告》;其二,完全肯定了丁玲1933年至1936年被捕后的表现;其三,高度评价丁玲的一生。这是一个给丁玲全面彻底平反的文件。

丁玲得知这个消息,激动万分:"40年沉冤终于大白了,这下我可以死了!共产党员的名誉比生命还宝贵,这等于是给了我一个新的生命啊!"她立刻写信给"中央组织部并请转亲爱的党中央",表示:"我还有什么说的呢?没有了。我只有向党盟誓:丁玲永远是属于中国共产党的,是党的一个普通的忠实战士。"

那一年,丁玲整80岁。10月4日上午,老朋友们在四川饭店聚会,为她祝寿。延安时期的老友朱慧是四川饭店总经理,亲自出面安排。舒群、曾克、罗烽、草明、柯岗、严辰、逯斐、雷加、伊苇、丁宁、李纳、张凤珠、韦婆、杨犁、高帆、牛畏予、冯夏熊等都来了。丁玲身穿枣红色毛衣、黑丝绒马甲,高兴地说:大家在这里为我庆祝80岁生日,可是我自己却不觉得已经80岁了,我好像刚刚18岁。

丁玲的生日是10月12日,她为了躲开亲友的祝寿活动,早就答应了在武汉举行的"三S"研究会[1]武汉分会成立大会和"史沫特莱在中国"学术讨论会。10月8日,她与陈明乘火车离京赴武汉。丁玲应邀去华中工学院、武汉大学、华中师范学院讲话,10月13日在武汉大学操场为一万多名师生讲演时,中途因电业局检修停电,扩音器无声,丁玲大声提议唱歌,与陈明走到台口,指挥师生们高唱《义勇军进行曲》《社会主义好》《没有共产党就没有新中国》,全场气氛热烈。随后他们又去沙市、宜昌参观访问,看了正在建设中的葛洲坝工程。

---

[1] "三S"研究会,即史沫特莱、斯特朗、斯诺研究会,1984年9月在北京成立。

四 创办《中国》

创办大型文学期刊《中国》,是丁玲晚年做的最后一件大事。她为《中国》操碎了心,耗尽了力,翱翔的飞蛾在砰然腾起的《中国》之火中油尽灯灭,燃尽了自己。没有《中国》,丁玲不会死得那么早那么快,没有《中国》,1985年的中国文坛就少了许多曲折复杂的故事,这本只有两年寿命的大型文学期刊,多次惊扰过中央书记处甚至党中央总书记。

1985年4月6日在延安大学,丁玲向师生们推介《中国》

丁玲办《中国》的原动力是三把火：一把是老作家们积极提议鼓动之火，一把是经济改革大势的熊熊之火，一把是中组部〔1984〕9号文件点燃了她奋发有为的心中之火。

1984年4月21日，中国作协一些老作家去香山春游。虽说春寒料峭，但鹅黄色的连翘已经怒放，丁玲、艾青、舒群、草明、雷加、曾克、逯斐等聚在一起，十分欢喜。一周后，4月27日，丁玲担任主任的中国作协创作委员会召开座谈会，讨论1983年全国优秀短篇小说获奖作品。舒群发言时提出，老作家发表作品有困难，一些刊物对新老作家不一视同仁，是不是办一个《老作家文学》。魏巍认真地说，可以由德高望重的老作家担任主编，比如丁玲同志编过《北斗》，有个传统。这个意见立即得到老作家们热烈响应。

7月，中央书记处批复了中组部《为丁玲同志恢复名誉的通知》，这极大激发了丁玲的政治热情。她说：我要争取多活几年，多写文章，多做事情。她去厦门大学参加第一次丁玲创作讨论会期间，参观了漳州、福州改革开放中出现的新生事物，深受感染。回到北京，曾克和舒群就来告诉她，办刊物的事已经在作协党组挂了号，现在就缺一个挑头的，他们力邀丁玲出山，论资历和影响力，非她莫属。丁玲自然明白，她是刊物能否诞生的重要因素。三把火，加上老友们再三恳切促请，她同意了。她的想法是：我先挂帅把刊物办起来，人马齐全正常运转之后，就隐身幕后写文章去，有一个自己的阵地，毕竟是好事情。

8月2日，舒群、雷加、曾克来到丁玲寓所，这是第一次"联席会议"。两天后，丁玲以个人名义向中国作协党组递交了办刊申请报告。这份报告有两点引人注意，其一，申请办刊者是一批"大多已进入老年"、"不甘默默无为，愿意为繁荣社会主义文学贡献余生"的"老同志"；其二，办刊经费"除创刊阶段请求银行贷款外，此后刊物及其他出版物一律自负盈亏，不要国家补贴，并考虑实行集资认股"。他们后来又进一步把这个想法称为"民办公助"。但这个想法没能实现。

8月21日的会议，确定刊物名称为《中国文学》，因与国家外文局一本对外发行的刊物重名，后来改名《中国》；主编为丁玲、舒群；副主编为雷加、魏巍、牛汉、刘绍棠；编辑部由牛汉、冯夏熊负责。

丁玲立即紧张忙碌起来，或写信或打电话，向巴金、孙犁、马烽、杜鹏程、陈登科、吴强、马加、蹇先艾等老作家约稿，也给刚刚以《哦，香雪》闪耀文坛的27岁的铁凝写信约稿。《中国》创刊号的目录出来后，丁玲感觉缺少改革题材的作品，又亲自出马，采访了北京京海开发公司24岁的经理王晓辉，五天里写出报告文学《一代天骄》。

1984年11月28日,《中国》创刊招待会在新侨饭店举行。丁玲穿了一件鲜艳的红毛衣,大声疾呼团结:"我们的革命史,我们文学的奋斗史,我们事业成功的经验,挫折的教训,都告诉我们,团结是我们的生命,团结是我们的根本,团结便是胜利。《中国》坚决响应胡耀邦总书记的'大鼓劲、大团结、大繁荣'的号召,我们将尽一切力量,克服消极因素,加强团结,在全面改革的战鼓声中,为祖国的四化,为物质文明和精神文明的双丰收,作出自己的贡献。"《中国》创刊招待会是1984年北京城里最热闹的一次文坛聚会,到会三百多人,体现出大团结的气氛。

丁玲没有想到的是,《中国》一起步就困难重重,刊号问题、经费问题、编制问题、发行问题,除去这些外部困难,自己内部也闹起矛盾,舒群、刘绍棠因为编辑费发放和稿件问题大动肝火,相继退出。这些事情谁也处理不了,最后都推到丁玲头上,要她出面解决。80岁的老太太,身患多种严重疾病,寝食不安,苦口婆心,登门劝说,甚至屈尊检讨。为了刊号问题,她给总书记写信,为了经费问题,她一遍遍给中国作协党组写信,为了编制问题,她向中央书记处习仲勋同志求助。

政坛影响文坛,风向变来变去,丁玲凭借多年的摔打磨炼,坚持自己的政治信仰和文学观念。1985年4月21日，新华社《国内动态清样》刊登了《丁玲同志在西安谈文艺创作自由等问题》，习仲勋当天写了批语："丁玲同志讲的好，真不愧是位革命的老作家，青年作家应该向她学习。这也证明作协四次代表大会精神她是领会得很深刻的。"第二天晚上习仲勋又给丁玲打电话说："还是大姐讲得正确。"并要《人民日报》秦川社长去看丁玲，把她的谈话加按语或短评在报上发表。在习仲勋同志关照下，《中国》最棘手的难题得以解决。

1985年3月18日，丁玲和陈明飞往桂林，出席全国高等学校文艺理论研究会第四届年会暨学术讨论会，然后去南宁讲学，4月1日傍晚到了西安。距离1938年率西战团来进行抗日宣传，已经过去47年了，丁玲和陈明故地重游，颇多感慨，很想多走多看，每天日程都安排得很满。他们参观了七贤庄八路军办事处纪念馆，在易俗社看了秦腔，约见新华书店业务科长谈《中国》发行问题，会见了刘志丹夫人等革命老人，与作家和大学师生座谈。自然也要看乾陵、兵马俑和骊山，参观完西安事变时蒋介石仓皇出逃的五间厅，陈明拍照时紧紧搂抱着丁玲说："捉蒋喽！"

4月5日去延安。离别延安整整40年，魂牵梦萦，但他们只有一整天时间。4月6日上午参观枣园、延安大学、杨家岭及革命纪念馆，下午参观清凉山《解放日报》旧址、宝塔山、新市场，都是匆匆一走，来不及细看。8月份丁玲住进协和医院，延泽民来看她，说刚从陕北回来，走了延安、安塞、绥德，还看了壶口瀑布，丁玲不胜羡慕地说："你好痛快了，我们四月那次去延安，原来想走山西，走清涧，走瓦窑堡，可是来不及，他们非打电报叫我回来，以后怕是没有机会再去了。我倒是真想能再去一趟陕北，再去一趟延安，没有看够啊，很多想看的地方都没有看到啊！"

丁玲明显感到身体每况愈下，知道来日无多。除了办《中国》，她还急着要把该写的文章都写完。《魍魉世界》《风雪人间》两部回忆录就那样了，交给陈明去修改处理，还剩下一本《在严寒的日子里》，她想找个清静地方去写完，最后选定了河北蔚县，那里离桑干河不远，老县委书记王纯是土改时的熟人，给安排了一个清凉安静的小院。丁玲高兴地做着出行的筹划，但7月2日突然左腿剧烈疼痛，冒着暴雨去协和医院检查，几天后化验结果出来，糖尿病、肾病都很严重，必须住院治疗。7月13日下午，丁玲住进协和医院外宾病房304号。实际上这时她已经病入膏肓，无药可治，她已经被《中国》拖垮了。

丁玲这一次住了两个月，9月12日出院，10月8日再次因左腿疼痛入院。肾科、神经科、糖尿病专科的教授一起会诊，认为病根还在糖尿病，患病时间长引起肾功能衰竭，全身细血管不通畅，导致神经发炎。医生告诉陈明：丁老的整体状况很不好，随时可能出现险情。医嘱按"病危"护理。

这一次住院，丁玲可不像上次那样常常底气十足地讲话了，她经常感冒，昏睡，全身乏力，食欲不好，打不起精神。她也觉察到病情的严重，在陈明送她的一册绿色封面日记本上写道："我总怀疑我的病在加重。眼睛真的快看不见了，模糊度超过以往很多，肿也是在加重，原来手还不易看出来，只感觉胀，但今天明显地看出来了，我不理解为什么生活得这样小心，该吃的药都在吃，不该吃的食物都禁止了，可是没有见好，其实迹象都比两个月前更不好了。柏遐没有感觉出，我也就不说，我实在有点感到无法，自然的趋势好像就是要这样滑下去。我现在只希望我能说话，记忆力可以，就这样再活几年，能讲一点就讲一点。写，实在难了。我估计只要不出偶然事故，慢慢滑下去，三年是可以的，真要讲也还能讲许多，就是身体内部的那种懒劲，那种无聊劲，那种软劲，实在须要力量来战斗，这是我以前任何时候都没有感受到的。世界上没有可怕的事，可怕的就是自己拿不出力量来。柏遐你看了这开场白，一定要失望的，我不希望你失望，但我却又不能瞒你，还是写了我的真心话。柏遐请你原谅我！"柏遐，即伯夏，是丁玲对陈明的爱称。

丁玲在医院里为《中国》做了最后一件大事,给中国作协党组打报告,按照要来的15个编制,确定了《中国》的机构和人事安排。

1985年12月18日,冯乃超夫人来信,坚请丁玲为《冯乃超文集》写序。次日丁玲口述录音一小时,经陈明整理,形成《永远怀念他的为人——〈冯乃超文集〉代序》,文末注明写作时间是"1985年12月24日"。这是丁玲最后一篇文章。

1986年2月5日上午,丁玲出现呼吸困难,医生诊断为左心室急性心力衰竭,进行抢救。下午,丁玲把祖林、祖慧叫来医院,平静地告诉他们:"妈妈的病重了。"第二天医生写下病危通知,把她转入ICU加强治疗病房。2月14日上午丁玲剧烈咳嗽,痰却咳不出,憋得满头大汗,艰难地对陈明说:"死,是这样痛苦啊!"这是她说的最后一句话,下午施行气管切开手术。2月27日丁玲肝功能恶变,全身出现黄染,深度昏迷,再也没有清醒过来。

1986年3月4日上午10点45分,丁玲逝世。3月5日,《人民日报》《光明日报》等主要报刊都在头版刊登丁玲逝世的消息和遗照,遗照选用的照片,是1983年访法时,法国国家摄影师拍摄的。3月15日下午3时,丁玲遗体告别仪式在八宝山革命公墓礼堂举行,党和国家领导人习仲勋、田纪云、乔石、李鹏、杨尚昆、余秋里、胡乔木、胡启立、邓力群、王震、刘澜涛、萧克、黄镇、程子华、杨静仁、康克清、钱昌照、杨成武、陈再道、周培源、包尔汉、屈武、马文瑞等陆续进入灵堂吊唁。丁玲遗体前方正中间摆放着陈明送的花圈，白色缎带上写着："你慢慢地走，从容地走……"

那天北风呼啸，在吊唁大厅外临时搭起的灵棚中，如雪的挽联上下翻飞，飒飒作响。签到簿上有1500多人签名，还有许多人来不及签名。同日，新华社播发《丁玲同志生平》。当晚7时，中央电视台新闻联播节目播出了向丁玲遗体告别仪式的

1986年3月15日，丁玲遗体告别仪式上陈明献的花圈

新闻。7时30分，赵炜受邓颖超之命给丁玲家里打来电话说，邓大姐刚才看了电视，才知道今天是向丁玲同志遗体告别的日子，她说一直未收到中国作协的讣告，没能参加，非常遗憾，请向陈明同志慰问，请他节哀保重。

同日，《文艺报》刊登冰心写的《悼丁玲》：

死而有知，也许有许多欢乐的重逢。死而无知，也摆脱了躯壳上的痛苦。

难过的是他们生前的亲人和朋友。

我们只能从他们遗留下的不朽的事业中得到慰藉，在我们有生之年也将为承继他们的为人民的工作而不断奋斗。

《人民日报》刊登孙犁写的《关于丁玲》：

一颗明亮的，曾经子夜高悬，几度隐现云端，多灾多难，与祖国的命运相伴随，而终于不失其光辉的星，殒落了。

92岁的叶圣陶老人则写道：

要是让她多活几年，或者在过去，就让她多写个十来年，那该多好呀。